學佛入門 4

聖者的故事

STORIES OF BUDDHIST SAINTS

聖嚴法師——著

自序

一九六三年，由於《慈航》季刊及《香港佛教》向我索稿，便從律藏及四《阿含經》中找資料，結果，找出了二十多位聖徒的故事。

這些故事，都很感人。

但是，要把散見於好多種經律中不同的記載，集合起來，寫成一個個生動的故事，也很吃力。同時我的其他功課又多，所以，寫了十篇之後，就不再寫了。

我的態度，是以說故事的方式，介紹那些曾經活躍於佛陀時代的聖徒事蹟。當然，我的這枝拙筆，並不能將他們的偉大可敬處，完全表達出來。

雖然如此，我仍敝帚自珍地將之編輯成書。

因為我的願望，只要本書能為它的讀者，帶來一些人生的安慰，我就很滿意了。

最後，謝謝勵定法師，他為我熱心地出版了本書。

一九六七年九月序於朝元寺瓔珞關房

再版增訂序

這本書在出版之後，因其淺明樸質，人人可以看懂，很快就銷售完了，所以正在美國弘法的妙峰法師，又影印了不少冊，分贈他的華僑弟子以及幾個道場結緣。而在今日的國內，已很少有人知道我曾寫過這樣的一部書了。有幾位善知識勸我再版，我便抽空補寫了兩篇——〈佛母摩耶夫人〉及〈聖妃耶輸陀羅〉的故事。同時初版是在十三個年頭之前，以打字印刷的技術不夠水準，這次於增補訂正脫誤之後，改用鉛字排印，以報關心愛護它的讀者。

一九八〇年雙十節序於北投三學研修院

目錄

賴吒和羅

一

有一次，釋迦世尊帶著五百個比丘弟子，從拘留國遊化到鞋羅歐吒國，由於佛陀的聖德和聲望的感召，當他尚未到達時，關於他的種種事蹟，已經傳遍了全國，也轟動了全國。當他開始為鞋羅歐吒國的人民說法的那天，真是萬人空巷，把那說法的地方，擠得人山人海，水洩不通。這次的說法，當然攝化了許多的人，賴吒和羅卻是其中最最突出的一個。

二

賴吒和羅，是國中首富的富家公子，而且是他父母晚年向天神求來的獨生子，財富、妻妾、奴婢等的享受，除了國王，沒有誰能比得上他，但他對於這些，並不感到歡樂。現在，當他聽了佛陀的教法之後，使他憬悟到他的嚮往，乃是從佛出家。因為佛說：「居處家中的人是不能自求清淨而學佛道的。」所以當他隨著大眾走在回家的半路上時，愈想愈希望能夠剃光鬚髮，披起袈裟，做一個沙門，想到最後，終於下了決心，折回頭去，跪在佛陀的座前，請求佛陀哀憐慈悲，度他出家。

「你曾求得父母的許可嗎？」佛陀親切地問他。

「我還沒有稟報過父母。」賴吒和羅說。

「父母不許可的，不得做沙門，也不得授你的出家戒，這是諸佛的常規。」佛說。

「好的，世尊，那麼請讓我回家稟報父母，父母許可之後，再來求度出家。」

「非常好，就照你自己的意思去做吧！」

三

一個大富長者的獨生子，尤其是晚年得子的父母，當他們尚未抱到孫子之前，兒子就要求著去出家，這該是多麼意外而感到傷心的事啊！不用說，賴吒和羅要想取得父母的同意，那是很不可能的事。當他剛剛說出自己的要求，他的父母已老淚縱橫地向他勸說了：「我們老倆口子命苦，到了老年來時，好不容易，千求萬求，才求天神送來你這麼一個命根子；縱然你先死去，我們也將坐守你的屍體至死，如今竟想活生生地拋下我們，天底下哪有這樣的道理？」

但是，賴吒和羅的意志已定，所以他說：「請求雙親大人成全了我吧！否則，從此以後，我就不再飲食，也拒絕沐浴；我將臥於荒地，除非准我出家，否則，我就因此而死。」

賴吒和羅真的絕食了，真的不再沐浴了，真的離開豪華的住宅而獨自臥在空曠的荒野中了。然而，天下的父母，可受死別之苦，卻忍不下生離之痛，自己的兒子要去出家了，怎麼也捨不得的，若不到真正無法可想的地步，他們絕不放棄一切可能的努力，希望兒子回心轉意。

因此，請來了許多的親戚朋友，遠遠近近、上上下下、老老少少、男男女女的，乃至九族之內的宗親戚友，一批又一批地去看賴吒和羅，勸慰賴吒和羅；那些勸慰的辭意，卻又幾乎完全相同，那就是他的父母最初已經說過的那幾句話。

時間，一天一天地，蝸牛爬坡似地過去了，一連五天，親朋戚友，愈來愈多，賴吒和羅的身體則愈過愈衰，他的神態，卻愈來愈安靜；他的呼吸，愈來愈微弱，他的意志，卻是愈來愈堅強。

終於，那些為他父母做說客的親戚朋友，畢竟是受了他的感動，感動得熱淚滿面，不得不反過來幫著賴吒和羅去勸說他的父母了：

「看樣子，還是讓你們的公子去出家吧！如果他喜歡過出家的生活，你們尚可見面，如他過不慣出家的生活，必將返俗回家；否則，你們如此堅持下去，他是必死無疑，萬一真的不幸，豈非白白地逼死一條人命？死了之後，一堆腐屍臭肉，除了蟲蟻爭食，還有什麼用處？如今已到不能再拖的程度，還是勸你們二老看開一些，准了他吧！」

這一席話，說得合情合理，並且語語動人，最為激動的人，當然是賴吒和羅的父母，所以放聲痛哭，這樣一來，在場的人，也都陪著哭泣起來——生離與死別，乃是人間的大悲劇，兩者之間，似乎沒有太大的分別，奈何，既生為人，誰也無法逃避這樣的悲劇，天下哪有不散的筵席？哪有不謝的花朵？

終究，賴吒和羅的父母同意了賴吒和羅的請求，但是還要帶著親情深如海的情懷，探問賴吒和羅的意向：「如果真放你去做沙門之後，你是否一定回來再跟我們相見？」「如果不死，當然會來跟父母相見。」

就這樣，賴吒和羅已經是自由之身了，他欣喜，也感動，他很想立即就去見佛陀出家，可是經過了五天的絕食，身體已衰弱不堪，何況在這五天之中，佛陀已經去了舍衛國，從鞊羅歐吒國到舍衛國之間，須經五百里路的長程跋涉，他必須先把身體調養復原之後，才能前去見佛陀。

幾天之後，賴吒和羅用印度最高的禮節——五體投地，並以頭面貼著父母之足，然後立起，右繞三匝，便告別了他的父母。

不久，賴吒和羅已是佛陀座下的出家弟子，佛陀親自度了他，給了他的袈裟，也授了他的沙門經戒，並使諸大羅漢弟子，按日代佛教授賴吒和羅，教他怎樣持戒、怎樣修定。

賴吒和羅本是宿根深厚的人，經過佛及諸大羅漢的教授指導之後，沒有多久，他便修得了四禪的禪定；接著又是初果、二果、三果，很快地就證到了小乘聲聞的最高境界——第四阿羅漢果，同時也得到了羅漢所能得到的神通，他能飛行自在，他能以天耳通聽到遠近大小的一切聲音，他能以天眼通看到無微不至、無遠弗屆的一切事物，他也能以宿命通觀察自己在過去世中的死死生生。就這樣，他在佛陀座下，一待便是十年。

四

十年的歲月，完全在充滿了禪悅、法喜，以及和樂的生活中度過；雖已過了漫長的十年，在於賴吒和羅，好像僅僅是轉眼之間的事。

但他不是忘恩的人，他想到了父母，他想到了他的父母是在怎樣地盼望他的早日歸去，他想到了做為一個出了家的兒子，也該回家化度自己的父母。於是，他把他的意念請示了佛陀，佛陀知道他已不再退入愛欲之中（他是已從愛欲之中得到解脫的人），所以也很贊成他返家去省親。

然而，賴吒和羅到達家門之時，並未受到俗家的歡迎，他以托缽僧人的姿態，走到他家的門口，家中的人，誰也不理睬他。有幾個僕人見了他，竟還詛咒著說：「出家人沒有一個是好東西，十年前由於沙門的到來，引誘去了我家的少主人，所以直到現在，我家主人痛恨所有的出家人，我們也不敢不痛恨所有的出家人。」

在自己的俗家，既然不受歡迎，為了午前的飲食，賴吒和羅只好走向別處托化，可是，他在附近的路上，遇見一個從他俗家出來的婢女，提著一桶已經腐敗惡臭的豆羹渣滓，準備倒棄。對於一位乞食的聖者來說，這也正是乞化的對象，所以問那婢女：「請問這位大姊，妳要把它倒掉，豈不可惜？」

「這已臭得不能吃了，有啥可惜？」婢女隨口應了一句話。

「既然如此，就請妳布施給我罷！」

「你要，就給你好了。」

婢女一邊說著，一邊已將臭豆羹渣滓倒入了賴吒和羅的缽裡，倒完之後，她好奇地偷看了這個沙門幾眼，想不到，她這一看，竟給她帶來了好運，她顧不得再說什麼，急忙奔回屋去，找到了她的女主人——賴吒和羅的母親，興奮地報告了這個驚人的好消息：

「我們的公子賴吒和羅已經回來了，我剛看到，就在門外的附近哩！」

「真的嗎？」賴吒和羅的母親，顯得非常地驚喜：「不是妳這丫頭在騙我？」

「真的呀！我認得公子的，除了已穿著沙門的裝束之外，跟十年以前一模一樣。」

「好的，如妳所說屬實，為了報酬妳的稟告，為了賴吒和羅的回來，從今日起，即免除妳的奴婢身分，放妳去做良民，並願以我現在身上所著的衣服珠環等物，全部賜給妳的母親。」

於是，賴吒和羅的父親也知道了，這時他正在為了想念兒子而垂頭喪氣。他連忙吩咐全家上下，一齊出動，分頭尋找，大街小巷地，轉彎抹角地到處尋找，最後，被他找到了，賴吒和羅坐在一個僻靜的所在，一邊吃著剛才化到的臭豆羹渣滓，一邊仰面望著日影，日正當中的時候，他就不再進食，這就是最有名的出家戒「過午不食」。賴吒和羅的父親見了這一情景，既高興又感到生氣，所以責問賴吒和羅說：「你既然回到家鄉，為何不回家裡去吃美好的飲食，反而像乞丐似地在這兒吃這惡臭腐敗了的豆羹渣滓？豈不糟蹋了你自己，也丟了咱們家的面子？」

賴吒和羅，聽了他父親的話，卻不以為然，他說：「請不要這樣說，我已棄家學道，做了沙門，出家無家，哪兒還有我的家呢？」

「就算你已出家無家，也該回家吃飯啦！」

「謝謝了，今天的食時已過，我已不需再食。」

「那你就跟我回家去住吧！」

「沙門之法，日中一食，樹下一宿，不住俗家。」

「你總得跟你的母親見見面哪！」

「是的，這次回來，就是為了省視雙親，所以，明日午前，我當托鉢經過家門。」

「好了，我就回家準備飲食，明天算是受我請供。」

「很好，我當準時到達。」

於是，賴吒和羅的俗家，大家忙碌起來，為了賴吒和羅的回家應供，大家忙著布置、打掃、清理、裝飾、準備飲食，簡直像是往年賴吒和羅新婚前夕的情景重演。最最忙碌的人，是賴吒和羅的母親，在她的心裡，重新燃起了往日的希望，她要趁此機會，把兒子留在家裡，不再讓他跑掉。因此，她教婢女們，把她當年陪嫁而來的金、銀、珍珠、寶石，及一切的貴重飾物，全部搬了出來，置於庭院中的土地上，然後用布把它們蓋住，堆積起來，超過人頭，遠遠地看，像座小山，她希望以這些無價的珍寶，拴住她兒子的出世之心。

第二天的上午，賴吒和羅如期到達了他的俗家，他受到全家上下的熱烈歡迎，跟昨天的情形，已有天壤之別；但這對他來說，絲毫沒有不同的感受，他還是那樣地平靜、慈祥、穩重、端莊，正像一位出世的羅漢所應有的儀態一樣。

他，賴吒和羅尊者，本為應供而來，本為跟他的母親見面而來；他的母親，卻先以那堆珍寶相示，她一見賴吒和羅，就連忙揭去了珍寶堆上的覆蓋，連忙對她的兒子說：「孩子，你使我們等得好苦啊！我們為了這些珍寶的繼承而等你，這些珍寶，都是我和你的爸爸所有，除了你，誰也不配接受。像如此的珍寶，我們家裡還有許許多多，它們的價值，多得無法計算，你可以用它們來行善，給出家人布施飲食，你可以用它們來享樂，要什麼就有什麼，所以，像你這樣的人，做一個出家的沙門，哪能比得上做一個在家的白衣，更自由更自在呢？」

事實上，財富的誘惑，只能打動愚癡凡夫的心，哪能搖撼得了羅漢聖者的心呢？所以，賴吒和羅說話了：「大人的意思，我完全了解，如果大人能夠聽我的話，我有一件事想告誡大人。」

「好的，你就請說罷！」他的父母說。

「那就是做一隻大布袋，裝了這些珍寶，運到恆河的水深之處，把它們投入水底。否則的話，儲蓄財寶太多，乃是一樁令人憂惱的事：或怕縣官的搜括，或愁盜賊搶劫，或恐水火的天災，以及怨家的陷害。試問：財寶多了，豈是好事？」

人，愚癡的凡夫，總是衝不過財色的兩大重關，所以也被財色牽住了鼻子，終身做著財色的牛馬；自己被財色牽住了鼻子，往往也企圖用財色去牽住他人的鼻子，賴吒和羅的父母，就是這樣的人。他們發現，財寶一關，已被他們的兒子衝破，自然而然地便用上了美色的鎖鍊，吩咐家中所有年輕的美女，包括賴吒和羅往日的妻妾以及歌女、舞女在內，全體盛裝，打扮得花枝招展，像是應召進宮競選王妃一樣地美麗，香湯沐浴，珠玉裝飾，羅衫蟬衣之下隱現著一個個惑人的胴體。讓她們魚貫出來，禮見賴吒和羅，並教她們以最大的努力，取得賴吒和羅的歡心，同時要說：「我們最敬愛的相公，你看我們這樣的綺年美貌，世間難道還有比我們更美的美人嗎？你怎忍心拋下了我們，難道沙門的生活之中，有著另一種更美的玉女嗎？」

事實上，賴吒和羅在十年之前，就已證得阿羅漢果，就已斷除了男女的愛欲，他看人間的一切，都是平等，沒有可憎的，也沒有可愛的；如果說有，那就只有可憐的感觸，所以他說：「諸位大姊，正因為我不需要玉女，所以才去出家。」

那些美女聽到賴吒和羅把他們稱作大姊，既感到羞愧，又覺得驚恐，所以一齊跪了下來，用雙手遮住了面孔，頭也抬不起來，並且低聲地訴說：「先是遺棄了我們，如今不喚我們愛妻，反而稱作大姊了，這叫我們如何是好呢？」

這對於賴吒和羅來說，無疑是一種無謂的困擾，所以，他終於向他父母提出了抗議：「請不要如此地折磨我，我是為了應供而來，如果不能供我飲食，我就從此告辭！」

看看，財色兩關，都叫賴吒和羅輕易地闖過了，他的父母已經沒有更好的方法可想了，只好搬出了飲食，供養賴吒和羅。

然而做為一個獨生子的富豪父母，總是希望留住自己的兒子；不能永遠留住，也要設法暫時留住。於是，正當賴吒和羅進食之際，便在暗底下命令僕人，把一切的門戶，全部關閉，並且上鎖。這些計謀，賴吒和羅自然是看得明明白白，但他已是聖者，為了化度他的父母，他不著急，吃過飯，漱完口，他便從從容容地向他的父母說法：

「不必如此地關門上鎖，荒野之人，以及山間的野獸，最好不要拘禁他們，否則他們就不自在；野獸且要因人的拘禁而遠離人群，進入山中，何況我是學道的沙門？要知道：世間紅顏美女，粉白黛綠，雖可以引誘愚癡的凡夫，哪能迷惑出世的聖者？我視她們，僅是一堆堆的骷髏骸骨，裹上了剎那生滅的皮肉血液，裝飾了毫無用處的珠玉瓔珞而已，如果貪戀她們，就等於赴湯蹈火；沉醉在愛欲之中的人，便會失去理智，不能做他們當做的事，乃至父母兄弟也不能顧。所以，婦女之患，譬如眾水之流，水流的歸向是海洋，貪欲女色的歸向是三塗——地獄、傍生、餓鬼，因此，要想求得不生不死的泥洹之道者，應當遠離婦女。」

就這樣，賴吒和羅先是說明了財寶使人憂惱，現在又說明了婦女使人下墮，這是給他的父母用的對症下藥的方子。財寶萬能的觀念，美色拴人的功用，在賴吒和羅的言行之中，竟予徹底地打破了，也徹底地粉碎了。他的父母，對於世間俗情的執著，經過這一打破、粉碎，也該有所領悟了。到此為止，賴吒和羅尊者的省親任務，已經圓滿，所以說法之後，也不等開門，他就以神通離開，從天窗中騰空飛去，像一隻猛獸，從人間的牢籠，重新奔返了深山的叢林。他是去得如此地迅速而神奇，僅此神通的顯現，已足感化他俗家的人了。

五

賴吒和羅已經遠離了俗家，但他尚有一處的化緣未了，他必須再度一個人，才能離開他的祖國；那個待他化度的人，不是別人，正是他祖國鞊羅歐吒國的國王拘獵，他也是賴吒和羅的老朋友，從小就已認識了的。

拘獵王正好驅車外出，就在道旁的樹下發現了賴吒和羅尊者。印度民族的人，特別尊敬出家的沙門，何況賴吒和羅又是他的老朋友，所以下了車，問了訊，行了禮，坐於一側，準備聽聽賴吒和羅在這闊別了十年以來的生活情形。

「大王來了，我真高興，我真為大王的到來而高興！」賴吒和羅首先表示欣慰之意。

「是的，能在這裡見到了你，我也有說不出的高興；但我沒有事先準備，不知應該贈送你一些什麼財物才好。我是必須贈送的，可不是嗎？我們是從小就很熟識了的老朋友啦！」

「這太好了，大王！不過請你不要送我任何財物，因為我已擺脫了財物的牢獄而出了家，如今大王豈能把這一牢獄重擔放回我肩上呢？」

「那麼，我該送你一些什麼來表達我對你的友善和敬意呢？」

「有的，大王！只要你能照我的話，祈願一遍，就是送了我的禮物。」

「請教，那該怎麼祈願呢？」

「大王，你當如此祈願：『令我國家富強，五穀豐熟，人民眾多而健康安樂，沙門住此而乞食易得；令我不使官吏侵擾人民。』」

「是的，聖者，我當受教，我當祈願，如聖者所教。」拘獵王接著又說：「我另有一個疑問，不知是不是可以請教？」

「當然可以。」

「那就是據我所知，凡是出家人，不外由於如下的四種原因所促成：一者，年老無依，精力衰退，無力自謀生活，所以才去出家。二者，疾病纏身，無錢治療，無力自謀生活，所以才去出家。三者，孤獨一身，無藉無靠，無力自謀生活，所以才去出家。四者，貧窮飢寒，自念貧窮，無力自謀生活，所以才去出家。然而，我很奇怪你是如此地盛年、健康，擁有眾多的妻妾僕役，擁有富甲全國的金銀財產，除了我國王之外，誰能比得上你呢？可是你竟出了家了，這真使我猜想不通。」

賴吒和羅尊者聽完了拘獵王的疑問，因為這是一般不解佛法者所有的通病，總以為只有因為年老、疾病、孤獨、貧窮的緣故，才去出家，寄佛偷生，所以他是不能不辯的：「大王！你的看法是不正確的，也許外道的出家人是因如此而來的，佛陀座下的沙門，則絕不如此。」
「哦！難道說，還有別的原因使你出家嗎？」王問。
「是的，不過也是四種因緣，只是所見的角度不同而已。」
「這是有趣的，請教你用的是什麼角度？」
「也不是我的角度，我只是從佛陀的教法中得來。」
「佛陀的教法怎麼說？」
「佛陀常常用四事教誡於人，我就是由於領悟了佛陀的教誡，才去出家的。佛說：一者，人生無有能夠避免老的，也無有能使自身不衰老的。二者，人生無有能夠避免於病的，也無有能使自身不害病的。三者，人生無有能夠不死的，無有能由他人代替死的，死了也無有能將財產帶了走的。四者，人生至死無有能夠厭離愛欲及財產的，人皆為了愛欲及財產而做奴婢。試問大王，像這樣的人生，一旦看穿了之後，哪有不生厭離之心而去出家的呢？」

對於拘獵王而言，這樣的佛法，也是聞所未聞的，所以聽得他心悅誠服，讚歎不已：「佛陀能夠如此解釋了四事，透視了四事，使我的茅塞頓開，真是偉大極了！崇高極了！稀有難得極了！難能可貴極了！這些真理，句句扣動了我的心弦，也句句沁入了我的肺腑。真想不到，佛陀的智慧，有如此地高超。」

「是的，佛陀的崇高偉大，佛陀的智慧，那是無可比擬的，也是無法揣測的。大王！還有一事，我希望告訴你：佛陀說『人若恣意行惡，必有凶變恐懼，身所作惡而自陷囹圄及殺身之禍，死後復當墮於三類惡道——地獄、傍生、餓鬼之中；又譬如樹木，有葉有華，然後結果。華有成時即落、開時而落、結果之後再落的不同；人亦如此，有的胎死腹中，有的墜地即亡，有的童年而夭，有的少壯而死，有的老邁而終，人命短長，不可預知。』所以，人當及時看破，及時行善，這也正是我要出家修道的最大原因。」

拘獵王聽法到此，已經信受奉持，並已證得了初果須陀洹道，接著請求賴吒和羅尊者，給他授了五戒——不殺生、不偷盜、不犯他人婦女、不妄語、不飲酒。受戒之後，他懷著初果聖者的清涼喜悅之心，禮別了賴吒和羅尊者。

（本文根據阿含部的《賴吒和羅經》改編而成）

愚路尊者

在佛陀時代，印度室羅伐城的地方，有一位婆羅門種族的居士，他的太太雖然為他生了好多孩子，但是每次生下不久，就死亡了，這使他煩惱非常。

有一次，他的太太又懷孕了，並且快要臨盆了，這又使他焦急起來，他想他是命中註定絕子絕孫的了，這回生下的孩子，誰能擔保不跟以往所生的孩子一樣呢？

當他正在憂愁痛苦的時候，他家鄰居的一位太太來向他建議：「你太太臨盆的時候，可以來喚我一聲，我希望能夠幫助你，試試你的好運氣。」

不久，孩子生下了，是一個又白又胖的男孩子。那位鄰居的老太太，替孩子洗乾淨了，也包裹好了，又在孩子的嘴裡餵了最好的生酥，然後交給了一個婢女，教她抱著孩子，放在大路的十字街口，如果看到出家人經過之時，不管是佛教的出家人，或是外道的出家人，都要向他們恭敬虔誠地說：「聖者慈悲，接受這個小兒禮聖者之足。」一直到日暮時分，如果小兒不死，你就把他抱回來。

那個婢女，照著所吩咐的話，一一做了。那天，街上來往的出家人特別多，有的是佛教的，也有好多是外道的，其中當然有著好多是得了道、證了果的出家人。那些出家人，聽說「小兒禮聖者之足」，他們便會停下腳來為小兒祝願：「願令你這個小孩子無病長壽，天神擁護，父母所願，悉令圓滿。」

最難得的，那天上午，佛陀也出來托缽行化，經過該處。那個婢女見到佛陀的威儀和相好，不禁五體投地，頂禮佛陀，並且指著小兒說：「世尊慈悲，接受這個小兒禮世尊之足。」佛陀聽了，非常歡喜，所以也為這個小兒，做了同樣的祝願。

這樣一來，一直到晚上，孩子還是好好地活著。那位居士見婢女仍舊抱著活的孩子回家，真是高興得不得了。繼續過了好幾天，孩子漸漸地大起來，他家便大會親友、大請客、大慶祝，並且為這孩子取名字。大家都說：「這個孩子既然是放在大路邊上才能活的，就應該叫大路。」

大路是非常聰明的，漸漸長大了之後，也學會了各種各樣的技能和學問。當時印度外道最高的學問是四種《吠陀經》，也被大路通通學會了。因為他有學問和大智慧，好多人家的孩子，都送到大路那裡去做學生，後來他的學生，竟有五百個之多了。

在大路出生後沒幾年，大路的父母，又為大路生了一個弟弟，也用同樣的方法教婢女抱著放在大路上的十字街口。但是婢女偷懶，只在小路邊上坐了一天，幸而佛陀在那天的上午，也在那條小路上經過了一次，並且也為小兒做了與過去同樣的祝願。因此，在慶祝會上為之取名的時候，大家又說：「這個孩子既然是放在小路邊上才能活的，就應該叫作小路。」

可是，小路的頭腦，恰恰與他的哥哥相反，愚笨的程度，簡直難以形容。他的父親也請了最有名的老師教他讀書，但他還是沒有辦法：老師教他兩個字，他記住了第二個字，便忘了第一個字；再學第一個字，又忘了第二個字；學這樣不成，換學那樣也不成。最後，逼得他的老師無法可想，只好向他的父親辭職，並說：「我是沒有辦法再教令郎了，你還是另請高明吧！」

因此，愚笨的小路，漸漸出名了，他已笨得不能再笨，大家就給他取了個外號，叫作愚路。這個愚路的外號，後來一直被人家喊了好久好久。漸漸地，他們的父母年老了。父母對於大路是能夠放心的，至於愚路的低能，卻使父母擔心。所以當其父親臨終之際，特別叮囑大路，要好好地照顧弟弟。

當他們的父親死了不久，室羅伐城裡來了很多佛教的出家人，全城的人，聽說這些出家人是由佛陀的大弟子舍利弗和目犍連帶著來的，所以都到城門口去迎接，因此也引起了大路的好奇心，他也雜在人群裡去湊熱鬧，致使他聽了二位尊者以佛法的開示，他發了一些疑問，也求得了滿意的解答，這使他敬佩得無以復加。於是，大路發心出家了，出家之後，如法修持觀想，不久以後便證了阿羅漢果，這是小乘出家人修道最高的果位了。

大路出家之後，愚路無依無靠，既沒有治家理財的本領，也沒有自謀生活的能力，他只好去做乞丐了。

有一天大路出外行化，在路上遇見了愚路，大路問了弟弟一些生活的近況，心裡就想：我這個愚笨的弟弟，如果也能出家，那該多好？但是不知道他有沒有出家學佛的善根？阿羅漢多數是有神通的，他便入定，用神通觀察，知道愚路是可以出家的。於是，便收愚路出了家，也給他授了比丘戒，成為一個真正的僧寶之一。

出家人不是吃飽了飯坐著玩的。出家的目的，是在如法地修行；但要修行，首先要懂得修行的方法，這就是出家人為什麼要誦經和看經的理由了。

大路尊者，為了要使他的弟弟，現在又是他的弟子愚路，能夠如法修行，便教了他一個偈子：

身語意業不造惡，不惱世間諸有情；
正念觀知欲境空，無益之苦當遠離。

愚路是世界上最笨的笨人，小時候老師教他兩個字，他都沒有辦法記得住，現在教他這樣深奧的四句話，當然是更加沒有辦法了。但他並不灰心，他天天讀誦著這四句話，時時刻刻地讀誦著四句話，在寺內讀誦，到寺外也讀誦，一連讀誦了三個月，在附近放牛、牧羊的人，都因聽了他的讀誦而能琅琅上口，默默地記住了，愚路還是不得要領，甚至反而去向放牛、牧羊的人求教。

像這樣的情形，使得大路尊者，也覺得束手無策，所幸大路尊者是一位有了神通的聖者，他便入定觀察愚路的根機，看他究竟應用什麼方法才能化開他那愚笨的業障。大路尊者用神通觀察之後，始知應該採用訶責的方法來激勵愚路，他便把愚路叫到跟前，故意問他所學的功課如何了？見愚路無話可對時，便將他一把推出門外，並厲聲訶責他：「你是至愚極愚，至鈍極鈍的人，像你這樣的笨人，佛教裡要你做什麼？」

這使愚路太傷心了，他站在大路尊者的門外，思前想後，怨恨自己的愚笨，他想：我現在算是什麼呢？我已出家了，所以不再是俗人，但我已被佛教趕出來了，所以也不是出家人了！於是愈想愈傷心，他傷心地哭泣起來，哭得像個迷失了路途，既哭得傷心，又不知該如何是好。

好在佛陀是無所不知、無時不覺的大慈悲父，此時正好經過大路尊者的門口，看到愚路在悲傷地哭泣，佛陀便走近去親切地問他：「你有什麼困難，要我幫助嗎？」

愚路見了世尊，先是吃了一驚，但當他發現佛陀的態度是那麼慈祥親切時，他才定下心來，訴說他的苦衷：「世尊啊！因為我太愚鈍了，三個月誦不會一個偈子，所以被我的親教師大路尊者趕出來，不要我出家了，現在我真不知應該如何是好！我又無處請求申告，所以我很傷心。」

「這是不要緊的，佛法不是你的親教師一個人的，佛法是由我經過三大無數劫的無量千百苦行而得來奉獻給一切眾生的。」佛陀又接著問愚路道：「既然如此，你願意讓我來教你嗎？」

佛陀的慈悲，使愚路感覺太意外了，他還不敢相信，佛陀真會親自教他，所以他以懷疑的口吻說：「世尊啊！我是世界上至愚極愚，至鈍極鈍的人啊！怎可接受世尊的親自教導呢？」

於是，佛陀向他和藹而懇切地說了一個偈子：

愚人自說愚，此名為智者；
愚者妄稱智，此謂真愚癡。

因此，愚路便隨著佛陀走了。佛陀教他兩句法語：「我拂塵，我除垢。」

然而，笨人終究還是笨人，即使佛陀親自教他，他還是記憶不住。

佛陀知道愚路的業障太重了，要等業障消除之後，才會好轉起來，於是叫他為大眾比丘擦拭鞋履上的塵垢。大眾比丘們先還不肯讓他擦拭，唯恐他笨手笨腳，呆頭呆腦地把大眾的鞋履反而弄髒了、擦破了。為了這是佛陀的意思，大眾比丘們才沒有堅決反對。

佛陀的指示，當然是不會錯的，因擦拭鞋履的塵垢，與他所誦的「我拂塵，我除垢」，是能相應的，他天天誦著這兩句法語，天天擦拭鞋履的塵垢，一邊誦，一邊擦，經過一段時日之後，他的業障果然消除了，他能將這兩句法語牢牢地記住了，他的心境也開朗了，他的智慧也顯現了，他對塵垢的意思，也豁然開悟了。

有一天夜裡，他突然能向自己自問自答了，他想：「世尊教我讀誦的兩句法語『我拂塵，我除垢』，究竟是什麼意思呢？噢！我知道了，塵垢有內外兩種的分別，那麼世尊教我的塵垢，究竟是內心煩惱的塵垢呢？還是外在大地的塵垢呢？這是不可用言語表達的絕對真理呢？還是可用言語表達的相對真理呢？噢！我又知道了：

此塵是人的貪欲，而不是大地的塵土。
此塵是人的瞋恚，而不是大地的塵土。
此塵是人的邪見，而不是大地的塵土。
有大智慧的人，應離貪欲、瞋恚與邪見。

噢！我知道了，只有離了貪欲、瞋恚與邪見的人，才是真正能夠拂塵除垢的人。」

就在這自問自答的過程中，他便斷除了一切煩惱，達到了「所作已辦，不受後有」的境界，證得了阿羅漢的聖果聖位。

現在是愚路尊者了，他已是佛陀座下的聖弟子與大比丘了。但他證道之後，仍然坐著不動，直到第二天大路尊者經過他的面前，還以為他是坐在那兒瞎用工夫哩，所以走過去，拉起他的手臂，並且對他說：「你趕緊起來學習讀誦吧！學會了讀誦再去打坐思惟吧！」

大路尊者的好意關切，愚路尊者是能了解的，所以他任由大路尊者拉他的手臂。此刻的愚路尊者已經有神通了，大路尊者拉著他的手臂走了好長一段路，他只是把手臂無限地延伸出去，身體卻依舊坐在原位不動，當大路尊者覺得不對，回頭看他時，才露出欣慰的微笑，知道他已證得聖果聖位了。

這簡直是不可思議的奇蹟，愚路尊者是眾所周知的大笨人，像這樣的大笨人，竟然也能在佛教中出家，也能證得阿羅漢果，這在一般的凡夫看來，實在很難相信。尤其是其他的外道，不唯不信真有此事，甚至利用這一機會來破壞佛教和毀謗佛陀，他們說：「大家看呀！佛教有什麼了不起崇高偉大的呢？佛教的聖果聖位，連一個笨得不能再笨的笨伯也能證得到，哪有什麼稀奇？」

殊不知，佛教的崇高偉大也正在於此。佛法是平等的，只要有人肯學習，有信心，依教奉行，工夫到了，不論何人，都能證到聖果聖位的。佛陀為了用事實來證明表現給大家看，便教阿難陀尊者，差愚路尊者去教誡比丘尼。

這一個由愚路尊者教誡比丘尼的消息，在先一天傳出之後，比丘尼之中有十二個年輕而頑皮的人，便猜測著說：「這是瞧不起我們女性出家人的舉動嘛！長老比丘之中，有那麼多有智慧、能說能辯的大德比丘，為什麼不來教誡我們，偏要派愚路來，愚路在三個月中誦不會一偈，他能教誡我們什麼名堂？」

有的則說：「既然如此，我們也可以給他一點顏色看看，叫他能上台而不能下台。」

她們如此這般地計議了一番，便去分頭工作。一半人員布置講堂、講台與講座，布置得特別莊嚴華麗，法座擺設得特別高大，好讓聽眾們，大家都能清楚地看到說法的人；另一半人員則分頭上城裡去大肆宣傳，不論大街小巷，都去一家一戶地宣傳著說：「明天我們寺裡有一位大法師來說法，來教誡我們，那位法師是最最有智慧、最最有辯才、最最會說法的上座比丘，凡是聽他說法之後的人，人人都能見道得道，不再輪迴生死，而得涅槃清淨。所以勸請大家不要錯過了這個大好的機會。」

因此，到了第二天，愚路尊者尚未到達，全城的善男信女，已在比丘尼寺內，擠得水洩不通了。大家都在等待著大法師的光臨，而那十二個年輕又頑皮的比丘尼，卻偷偷地躲在一旁，吃吃地發笑，她們以為這下子可叫愚路尊者難堪定了。

終於，愚路尊者，帶著一個伴從的比丘光臨了，大家見了，都很懷疑，這兩個比丘之中，究竟哪一個才是大法師？如果說是愚路尊者嘛，那簡直是不能想像的事，如果說另外一個比丘嘛，顯然那個比丘的年紀太輕，不可能是上座大法師。

大家正在懷疑猜測之際，愚路尊者已經走進了講堂，踏上了講台，他以神通觀察知道那個高大的法座，不是為了恭敬，而是為了取笑，所以伸手一按，那高大的法座竟像棉花堆似地，縮了下去。但是當他安詳地坐上法座之時，年老證果的比丘尼們，固然相信愚路尊者會有大法供養的，一般的凡夫們，卻覺得大大地失望了，甚至覺得他們是被愚弄了，因此，大家議論紛紛地吵鬧著。

愚路尊者，胸有成竹，他知道，在這種情形下，用嘴說法是不中用的。於是，坐下之後，隨即入定，表現神通，從座上忽隱身不見，飛在空中，由東邊出向西邊入，由西邊出向東邊入，由南邊出向北邊入，由北邊出向南邊入；空中坐，空中臥，身上出水身下出火，身上出火身下出水；履水如平地，入地如虛空。一共做了十八種神通變化以後，還復坐於原座。

凡夫見到了神通變化，無有不起恭敬心的，無有不作稀有想的，無有不去五體投地而如大樹倒的。這樣一來，大家恭恭敬敬地靜止下來了。當靜得鴉雀無聲的時候，愚路尊者開始為比丘尼們說法了：

「諸位姊妹，你們都知道我在三個月中，誦不會一個偈子；但是我要告訴你們，即使用七日七夜的時間，也無法說盡其中的任何一個字。所以我想，今天只能約略講說其中的一句。」

「你們聽著：佛說不令一切有情眾生，造作種種的惡業。所謂惡業，又不外乎身、口、意的三大類別：我們的身體，可以造作殺生、偷盜、邪淫的三種惡業；我們的口舌，可以造作妄語、離間語、罵人語、綺雜無意味語的四種惡業；我們的心意，可以造作貪欲、瞋恚、邪見的三種惡業，合起來說，就是身、口、意的十惡業。佛說這些惡業，都是由心為主宰，如果大家不去隨著惡心而作惡業，大家便能離苦得樂……。」

當愚路尊者說到此處，還想繼續向下說去，但是聽眾之中，已有一萬二千人，都因此而見道、得道了，從小乘的賢位乃至無上的菩提之心，都有人得到了。

這是一次最最成功的度化；這次的成功，使得愚路尊者的名號，永遠留在佛弟子們的心中，也永遠留在佛經之中。也給愚笨的人們帶來了學佛的勇氣，也為平等的佛法創造了無上的光榮。

愚路尊者是什麼人呢？他就是《彌陀經》中的周利槃陀伽，《根本律》中譯為朱荼半託迦，意思是小路。

（此篇取材於《根本說一切有部毘奈耶》卷三十一改編而成）

附記：在《增一阿含經》卷十一〈善知識品〉第二十之十二，記朱利槃特的出家學法，愚笨而證無盡的事：佛初教他念掃帚兩字，記住掃忘了帚，記住帚又忘了掃；但他卻由去塵除垢的意思，思惟而證了阿羅漢果。

薄福善來

一

這個故事，發生在佛陀時代的印度境內。

那是大名鼎鼎的給孤獨長者的姻親，浮圖長者的兒子；他的姊姊，就是給孤獨長者的兒媳婦。給孤獨長者的財富，幾乎富甲憍薩羅國的全國，浮圖長者能有這樣一門親家，他的財富之多，當然也就可想而知了。

浮圖長者，自從生了一個女兒，一直盼望能有個兒子的時候，兒子真的來了；他的太太，為他生下了一個儀容可愛的男孩子，給他們全家乃至所有親戚朋友，帶來了歡欣和希望。因為這個孩子的誕生，來得恰到好處，所以給他命名為善來。

可是，善來的出生，雖在富貴的人家，他的命運，卻是一個標準的乞兒。由於他在往昔生中的不修福業，不肯布施，所以他是註定了要做乞兒的命。

於是，當他漸漸長大成人的時候，他家的財富，竟像水銀瀉地一樣地消失掉了。等他的父母一死，連他家僅有的房子也換成了新來的主人。終於，他是到了「上無片瓦覆頂，下無立錐之地」的境地了！

等著他去走的，只有一條路了，那就是向外流浪。

人間是現實的，過去恭維他的人，那些曾經叫他善來的人，這時已經對他另眼相看，大家以為他是浮圖長者的「敗家精」，由於他的到來，便抹去了浮圖長者的盛名與財富。因此，大家把他看作瘟神，視同疫癘！大家拒絕他、唾棄他，再也不歡迎他，並且給他取了一個意義相反的名字，管他叫作「惡來」。

然而，人間不是沒有同情的，也不是沒有溫暖的。他在偶然之間，遇到了一位浮圖長者生前的好友，給了他一枚金錢，要他買些衣食過活，但他把錢藏進了破衣的衣角，竟然忘記了金錢的用處。

乞討與貧困，使他流離失所，使他到處流浪，使他像一隻喪家之犬，使他像個飄忽的遊魂。有一天，他在漫無目的地流浪生活中，流浪到了室羅伐城，那是憍薩羅國的名城，也正是他姊姊家的所在地。

善來沒有想到要向他的姊姊求助，但他卻被他姊姊的婢女在街頭撞見了。這個婢女，從小跟隨他的姊姊，從小就在浮圖長者的家裡長大，當然是認識善來的了。

這件事，就這樣給孤獨長者的兒媳婦知道了；同胞骨肉，手足情深，怎不感到心疼！

怎麼辦呢？接他的弟弟到自己的家裡住罷？不行，他的命太惡，他會連累上她的夫家的。善來的姊姊，顯得非常地躊躇。最後，她是決定了，決定派人送給善來一大筆金錢，要他自己改善自己的生活。

哪曉得，善來的福報之薄，比紙還薄；轉手之間，那筆數目可觀的金錢，就被小偷偷走了！他的姊姊聽到這樣的消息之時，也覺得無可奈何了：「像這樣福薄的人，叫我又有什麼辦法繼續幫助他呢？」

因此，他的姊姊再也不管他了。

二

善來的惡報壞運，已在漸漸地消失，一步一步地正走向佛法大門。但是，尚有一些苦報，等著他去償清。

有一天，那是給孤獨長者定期供佛齋僧的好日子。佛世的居士，把供佛齋僧當作無上的佛事來做，也當作最大的喜事來辦。供佛齋僧的日子，張燈結彩，灑掃粉刷，香末塗地，那簡直是最最隆重而莊嚴的吉慶典禮。

趕齋場，吃喜筵，乃是乞兒們最感興趣的事了，何況須達長者是一位聞名於印度的大慈善家，所以大家稱譽他為給孤獨長者，所以他也是最受乞兒們敬仰與親近的人了，有這樣的好機會，乞兒們哪有不去趕的？供佛齋僧下來，少不得總有許多的剩飯剩菜羹湯要布施乞丐的。

想不到，由於善來的緣故，給孤獨長者的情緒，竟然變了。

佛陀以及佛陀的比丘弟子們尚未光臨之先，就有一批的乞丐湧到了給孤獨長者的宅前，長者看那衣衫襤褸、蓬頭垢面，並且散發著一種垢穢惡臭的乞丐們，便覺得對於迎請佛陀應供的儀節來說，那是不太理想的情調，所以派人把他們驅散了、趕走了。

室羅伐城的乞丐們，遭受了這樣意外的驅逐之後，心裡非常惱怒，再看看，原來在他們之中多了一個新來的乞丐善來。

「噢！準是由於他的緣故，害了我們大家。」

「是的，他叫惡來，有了惡來，我們還會好嗎？」

「把他扔在糞裡，給大家出一口氣！」

大夥的乞丐們，七嘴八舌地揮動著拳頭，氣勢洶洶地包圍著善來。終於，他們把善來扔進了路旁的大糞堆裡！使他躺在糞堆裡面，動彈不得，只能哀痛地哭泣。

時間漸漸地快近日中了，佛陀以及數以千計的比丘，緩緩地、莊嚴地走向給孤獨長者的宅第。

不用說，這是善來的救星到了，他被拉出了糞堆。佛陀看看善來，就向大眾比丘們開示：「你們應當厭離生死流轉的無邊苦海，並且要厭離繫縛生死的資生之具，如不厭離貪著而及時施捨，那就要像這位居士一樣。你們知道嗎？他已是生死苦海之中最後一生的人，但他竟然落得如此的地步，受苦而不能自供生活的所需。」

佛陀接著又對站在身邊的阿難尊者說：「你今天要為這位善來居士留下一半飯食。」

「是的，世尊。」阿難尊者恭順地答應了。

無奈，由於善來的無福，縱然是多聞而記憶第一的阿難尊者，也把為他留下一半飯食的事給忘了。等到齋罷，阿難尊者才又想起，但已來不及了，這是他初次違背了佛陀的教命，同時也擾惱了一個有情，使他萬分地懊悔。

佛陀是不會不知道的，也是不會忘記的，所以自己留下了一半飯食。這時，佛陀已經懂得阿難的心裡正在懊悔，便安慰他說：「阿難，你是多聞第一，但是，假如南贍部洲乃至四周的大海，其中充滿了諸佛，如此諸佛，各說甚深妙法，你都能夠受持不忘；但由於善來的福薄，你也不能記憶為他留下飯食的。」佛陀又說：「好了，阿難，你現在去把善來請過來吧！」

「善來！善來！善來！善來！」阿難尊者走到善來的面前，一連喊了好幾聲，善來卻是呆若木雞似地充耳不聞。最後他被阿難尊者喊得緊了，竟然六神無主地向他自己的左右及背後搜尋，他以為他的附近，一定另有個叫作善來的人，因為他自從離家以後，早已成了惡來，他也幾乎忘記了自己曾經有過這麼一個善來的名字。

「佛陀要我請你去裡面吃飯。」阿難尊者提高了嗓子，把如癡如聾的善來從茫茫然的狀態中喊醒：「我喊的是浮圖長者的兒子善來，你不就是他嗎？還找什麼人呢？」

這麼一來，善來是完全清醒了，但他覺得「善來」這個名字，再也不配讓他來用的了，像他那樣沒有福報的人，叫作惡來是相稱的，怎麼可以再叫善來呢？他想，大概是自己的苦報快要結束了，大師佛陀是大覺智的人，所以仍然叫他善來；或者是由於慈悲的佛陀，以平等的善心愛語待他，所以仍舊叫他善來。但他還是想不通，佛陀究竟是為了什麼，要叫他原來的名字？

善來走近佛陀，恭敬地行了一個接足禮，便從阿難尊者的手裡接過了佛陀留下的半缽飲食。他是餓透了的人，縱然給他留下一缽的全部，也不夠他吃一個半飽，何況僅有半缽的飲食呢？他是既欣喜，也覺得失望。

佛陀知道他在想什麼，所以用慈祥的態度及柔和的語調安慰他說：「你覺得太少了一些，是嗎？你不用擔心，你吃吧！即使你的肚子寬廣如大海，你的一口能吞須彌山，隨你怎麼吃法，任你吃到幾時，你也不會吃完我給你的半缽飲食。」

佛陀是真實語者，佛陀的神力，能以腳趾輕按大地而使大地立時變成清淨莊嚴的佛國淨土，如今要讓善來飽餐一頓，當然是輕而易為的事了。

現在的善來，已經走到了佛法寶藏的大門之外，現在的佛陀，也要給他一把鎖匙來開啟這一座寶藏的大門了。

「善來，你能買些香花來供養我們嗎？」

「但是我沒有買花的錢呀！大德世尊。」

「那麼你那衣角裡面裹的是什麼呢？」

「唔！我倒完全忘記了，那是我父親的一位朋友送給我的一枚金錢。」

「就用那一枚金錢去買青色的蓮花，你說好嗎？」

「當然好的，世尊。」

善來，高高興興地走進了一家花圃，嚷著要買上等的青蓮花。

「去去去！給我快點滾出去！」花圃的老闆看他那副窮酸的落魄相，打心窩裡起，就是一肚子不歡迎：「你也買得起上等的青蓮花？別嚕嘛，快給我滾！不要由於你的緣故，給我的花圃帶來了晦氣。」

「求你不要這樣嘛！」善來哀求地說：「我這裡有錢，那是大德世尊教我來買的呀！」花圃的老闆，一聽說起大德世尊，便不由自主地肅然起敬：「原來你是佛陀的使者，為什麼不早點說呢？對於偉大的佛陀，天上、人間，誰不爭著去供養呢？你是佛陀的使者，你要什麼花，你要多少花，請你任意地盡量挑選罷！至於錢，你且留著，這就算是我對佛陀聊表一點敬意罷！」

能讓善來買到了青蓮花，他已感到滿足，不要錢，怎麼行！不管花圃的老闆收不收，還是付出了他那唯一的一枚金錢。

善來取了青蓮花，回到佛陀的座前，恭敬地把花獻上，又依次給所有的比丘獻上。這時在他手上的青蓮花，愈開愈大了，也愈分愈多了，芬芳馥郁的花香，也瀰漫了整個的空間。正在這個時候，奇異的景象在善來的面前出現了：他見到了他的前身，見到他在前身的無數生中，曾經在許多的佛陀座下，修過「青處觀」，現在，由青色蓮花的開引，使他恢復了青處觀的禪定。

「善來，你見到了嗎？」佛陀問話了。

「是的，世尊，我見到了。」

就在問話之際，善來已經見道，已經證入了小乘初果的聖位。

他是多麼地高興，他是多麼地感激。現在，他毫不猶豫地跪倒在佛陀的座前，請求佛陀，度他出家。

當時機成熟的時候，一切都是那麼地順利：佛陀僅對他說了一句：「善來比丘，汝修梵行。」即在言下，善來的鬚髮自落，袈裟著身，已經具足圓成了比丘的身分。

不久之後，經過勇猛的修持，在一天的夜裡，突然一念頓斷，斷除了三界的煩惱，便證了阿羅漢果，這是聲聞聖者最高的果位。從此超出三界，不再輪迴生死。

三

現在的善來，已是佛陀座下羅漢比丘，已是善來尊者。凡夫的習性，總喜歡用凡夫的眼光來衡量一切的事物；所以，善來的出家，竟為佛陀的教團，招致了許多的毀謗，善來的證阿羅果，也根本不受外界的認可。許多的在家人，都在批評佛教，他們的理由是佛陀不該收受善來那樣的人出家，否則，佛教豈不成了愚癡貧賤的收容所？善來也能出家，佛教還有什麼值得信仰的呢？在階級觀念根深柢固的印度社會裡，像佛陀這樣的平等普化，怎能不引起守舊者的疑慮與批評？但是偉大的佛陀，仍然有方法來開化他們。

終於，機會來了，在一處叫作失收摩羅山（此山因毒龍之名而得名，「失收摩羅〔巴利文 Suṁsumāra〕者長欲入海」，參見《雜阿含》卷四十三第一一七一經）的地方，出現了一條毒龍，風風雨雨地作威作福，危害著當地農作物的收成，也擾亂著附近居民的安寧，所以特別迎請佛陀去應供，希望能借佛陀的神力，鎮壓住那條毒龍的破壞。慈悲的佛陀答應了，但他竟把這任務，交給了善來尊者。

證了阿羅漢果的人，多數都有神通，善來尊者就是這樣一位理想的人選。毒龍也有神通，但牠哪能比得上羅漢的神通？風暴、雷雨、冰雹，一陣一陣地漫天下降，到了半空裡，竟然變成了和風、香水與香末；刀、劍、輪、戟，飛向善來尊者的時候，竟然變成了天上才有的百瓣蓮花；再用毒火攻擊善來尊者，火勢愈燒愈大，愈炎愈猛，不燒善來尊者，反而燒了毒龍自己，四方上下都是猛火，把毒龍緊緊地圍住，毒龍想逃，竟然走投無路，唯有善來尊者的附近，是一片清涼境界。不得已，毒龍只好化成了人形，伏倒在善來尊者腳下。

「你這不知罪惡的有情，前生造了惡業，今生墮在龍中，現在再造惡業，來生必墮地獄！」善來尊者訓斥牠了。

「大德慈悲，恕我愚昧，請賜開示，我當奉行。」這是毒龍的請求。

「當皈依佛、法、僧的三寶，盡形壽不違志；願當受持殺、盜、邪淫、妄語、飲酒的五戒，盡形壽不得違犯。」

「是的大德，我已受了三皈，我已秉持了五戒。」

這一場降龍的佛事，到此圓滿結束。

失收摩羅山的居民，大家都來感謝佛陀，所有聽到了這個消息的人，遠遠近近，老老少少，男男女女，也都趕來膜拜佛陀。這個時候，佛陀說了：「你們不要謝我，你們不要如此來供養我，應該供養浮圖長者的兒子善來比丘，因為，這次降伏毒龍，完全是靠他的神力。」

於是，「偉大的善來尊者」、「善來降龍第一」的呼聲，就這樣流傳開來，也流傳了下來。

從此，再也沒有人批評佛教是個愚癡、貧賤的收容所了。

（本文取材於《根本說一切有部毘奈耶》卷四十二）

鴦掘摩羅

一

在佛陀時代，印度境內的憍薩羅國發生了一樁恐怖萬狀的事件，這一事件，震動了全國的人民，也幾乎嚇垮了英勇的波斯匿王，因在王都舍衛大城的城外，出現了一個殺人魔王鴦掘摩羅。所幸由於佛陀的及時感化，才使這場悲劇，很快地結束了。

二

鴦掘摩羅，生於舍衛大城的北邊，那是一個名叫薩那的村落，他原名不叫鴦掘摩羅，父母給他取的名字叫作伽瞿，意思是一切世間現。因為當他出生的時候，憍薩羅國的境內，曾有奇特的變相發生：所有剎帝利的武士階級，全部不由自主地拔出刀劍，並做準備迎敵戰鬥的姿勢，隨即利劍的鋒刃缺了口，斷了鞘，握在手中的把柄，也跟著墜落在地。這是非常奇特的現象，使得全國的武士們，都感到莫名其妙地驚惶起來。後來經過調查，原來是舍衛城北的一個村落中，生了一個嬰兒，因此，便以伽瞿來做為這個嬰兒的命名。

漸漸地，伽瞿長大了，這是一個英俊健壯而孔武有力的青年，徒手能捉飛鳥，行走快過奔馬；但他又是一個溫文儒雅而秀外慧中的好青年，從小死了父親，侍奉母親則極其孝順。只可惜，因他投師學藝，投錯了師門，才使他得到鴦掘摩羅這麼一個臭名！

當時，舍衛城內有一個很負盛名的外道學者，正在收徒講學，伽瞿也就成了他的學生。可是那個外道學者，有著一個年輕美貌而又妖媚淫亂的妻子，最糟糕地，她在她丈夫的學生之中，竟然偷偷地愛上了伽瞿。當然，像伽瞿這樣健美的青年，任何女人見了都會心跳的。無奈，伽瞿是她丈夫的學生，她是伽瞿的師母。她雖然是個妖媚淫亂的少婦，伽瞿卻是正直守禮的青年。於是，恐怖的悲劇就跟著發生了。

三

伽瞿的師母，好不容易等到了一個機會。有一天，確切知道那個外道學者已帶許多學生出去了，伽瞿卻被留在他老師的家裡。他的師母見到四下無人，便悄悄地走近了伽瞿的跟前，以風情萬種的姿態，接近伽瞿，用手摩觸伽瞿，並以毫不隱瞞的話語，表達她所希求的願望。這對於伽瞿是非常意外的，也是極其為難的，他感到驚訝，也感到痛苦，他從未想到，他會有這樣一位毫不顧倫理道德而又大膽無恥的師母，於是，他便義正辭嚴地拒絕了他的師母。他說：「老師等於父，老師之妻等於母，我怎麼可以做這樣逆倫的醜事呢？」

「你是當真不答應了？」他的師母，惱羞成怒了：「不識抬舉的蠢東西，但你應當考慮，你如不喜歡我這樣的女人，我將使天下的女人都得不到你。」

「請師母恕罪，學生怎麼也不敢答應的。」

「好吧，我恨你！我要毀滅你！要使你這個不解風情的蠢東西，永遠失去愛慕任何女人的機會。」

接著，她回到了自己的臥室，用她自己的手，狠命地撕碎了身上的衣衫，又用自己的手爪，忍痛地劃破了皮肉，弄成披頭散髮，在撕成了片片的衣衫下，半裸著鮮血淋漓的胴體；再以繩索懸頸，佯裝自殺！

不一會，那個外道學者回來了，入了家門，跨進臥室，一幅驚人動魄的醜態畫面，使他連奔帶跳地走近他的妻子，解開繩索，並且探問原由。

顯然地，學生強暴師母，以致師母羞憤自殺，那真是斯可忍孰不可忍的事了。他要結結實實地教訓伽瞿一番，然而，他很明白伽瞿的武功，即使集合全體五百個學生向伽瞿圍攻，也不是伽瞿的對手。

終於，他想到了一個借刀殺人的詭計，他要利用國王的武力來解決伽瞿的生命。

他把伽瞿叫到面前，裝著非常嚴肅而又懇切的樣子，對伽瞿說：「你是我最喜歡的學生，我現在要教你一個得道生天的祕密法門。」

「謝謝老師的恩典，弟子願意承教。」伽瞿是個聽話的好學生。

「那麼你聽著：你在中午之前，持劍站在進出城門的大路口上，見人就殺，殺一個人，便割取一隻手指，用線貫穿，戴在頭上，成為指鬘，殺滿一千個人，穿夠一千隻手指，你就得道了，被殺的人也可生天了。」

「稟告老師。」伽瞿聽了老師的教言，覺得疑問重重，殺了一千個人反能得道生天，他是從未聽過的事，也是大惑不解的，所以說：「不論哪一種宗教，哪一個學派，在我們印度，都是崇尚淨修梵行的，孝順父母的，修行眾善的，柔和仁惠的，慈悲平等的。如今反而教弟子殺一千個人做為得道的法門，不是有違古聖先賢的教訓了嗎？」

「唉！太使我失望了，你竟是個不從師教的壞學生，你竟是個懷疑得道法門的壞青年！」

於是，伽瞿便在矛盾與痛苦的心境之下，接受了他老師的教示。仗著寶劍，到了四通八達的大馬路口。

由於業力的驅使與成熟，竟有許多的兇神惡鬼，來給伽瞿助威，使得伽瞿的心智迷亂了，面目猙獰了，殺意增強了，氣力壯大了，逢人便殺，殺人之後便將人血塗身，人血塗身之後，再來加倍地殺人。從遠處看去，伽瞿已像一個夜叉羅剎，已像一隻瘋狂的野獸。

因此，鴦掘摩羅的兇名，便在舍衛城中傳布開來，也在整個的憍薩羅國散布開了，因他頭上戴著用人手穿成的花鬘，所以被稱為指鬘，以梵語來說，就叫作鴦掘摩羅。

因此，大家都不敢經過那條大馬路口了。全城的商店，也都關上了門，全城的男女老幼，也都深深地躲藏起來。國王通令全國的勇士戒備，徵集最勇的武士討伐，竟然沒有一人膽敢應徵赴命的。

因此，鴦掘摩羅已為憍薩羅國的舍衛大城，造成了風聲鶴唳與草木皆兵的末日景象。

四

看看天上的日影，已經快近中午，廣闊通暢的大馬路上，業已人跡杳然，甚至連鳥獸也看不見一隻。鴦掘摩羅的殺人成績，已經非常可怕，但於一千人數，尚需一人來補足。這時，他的母親雖風聞他的兒子已經成了殺人的魔王，人們也一致地罵她是兇神的母親或老母夜叉。但她想到她的兒子應該是肚子飢餓的時候了，兒子再不好，終究是自己的骨肉，所以取了食物，為她的兒子去送午餐。

鴦掘摩羅發現來了一個人，那雖是他生身的母親，卻也很可用來湊足一千人數，使得自己得道，也使得他的母親因此生天。於是，他便毫不猶豫地提了劍，迎了上去！

正在千鈞一髮之際，釋迦世尊突然出現在鴦掘摩羅的面前。原來，佛是無事不知、無所不覺的一切智人，佛陀知道，那些由業力使然的九百九十九人，已被鴦掘摩羅全數殺盡，鴦掘摩羅不該再殺另外的人了。同時，這也是鴦掘摩羅接受感化的時機成熟了。

鴦掘摩羅見有一個出家人走向他的跟前，心裡真是歡喜，他想他的母親竟然有一個替死的沙門了。但他從未想到，佛陀也在逃避他的擊殺。使他最不甘心的是佛陀那種緩慢而行的走路方法，竟使他那快過奔馬的腳程，老是不長不短地被拋在後頭。再看看，佛陀雖然站在原地不動，他也無法追趕得上，以致累得他汗流如湧，氣喘如牛，還是追一個不即不離。於是，鴦掘摩羅發怒了，他說：「你這個不知死活的出家人，知道我是誰嗎？還不乖乖地停止下來接受我一劍！」

「醒醒吧！可憐的青年。」佛陀說話了：「正因為你自己沒有停止殘殺的癡心，所以永遠追不上我，其實我從很久以來，早就停止了呀！」

鴦掘摩羅究竟是個善根深厚的青年，傾聽了佛陀這兩句含藏機鋒的話，又仔細地瞻仰了佛陀的威德身相之後，竟然真的醒了，真的將那殘殺的癡心停止下來了，歇了腳，扔了劍，慚愧地、惶恐地、懊喪地、懺悔地、虔敬地，像迷失路途的兒童見了母親似地，向佛陀伏地接足，熱淚灑地，請求恕罪、請求拔濟、請求剃度出家。

就在轉眼之間，佛陀已將鴦掘摩羅帶進了祇園精舍，佛陀說一聲：「歡迎你來出家為比丘。」他便鬚髮自落，袈裟著身，成了一個佛門的出家人了。

五

這時的波斯匿王，好不容易徵集了他的軍隊，親駕出征，討伐鴦掘摩羅，但他毫無戰勝的把握，所以先請求佛陀的開示。

「大王面露愁容，汗流不止，可有什麼困難的事嗎？」這是佛陀明知而故問。

「大德世尊諒已知道了，我要去征討鴦掘摩羅啊！」波斯匿王顯得非常驚恐。

「如果他已改邪歸正，在我座下出家了，大王將會如何呢？」

「我是三寶的弟子，我當向他禮足，給他恭敬供養。」波斯匿王又接著說：「但他絕對不會來出家的呀！」

佛陀卻把已是比丘的鴦掘摩羅，指引給了波斯匿王，這是鐵一般的事實了。

於是，國王感動了，全國的人民，也都感動了，因此而來敬佛聽法悟道的人，不計其數。鴦掘摩羅也在當下悟道，證了阿羅漢果。

所以，一場震驚了全國的恐怖劇，在佛陀慈光的普照之下，竟促成了一次大弘法化的佛事。

（此篇係根據《佛說鴦掘摩經》、《佛說鴦崛髻經》、《央掘魔羅經》改編而成）

附記：這個故事在大、小乘經中，各說稍有差異。《雜阿含經》卷三十八第一〇七七經載有「央瞿利摩羅」，說他是賊，是在央瞿多羅國的陀婆闍梨迦林中。《別譯雜阿含經》卷一第十六經也說「鴦掘摩羅」是林中的賊。《增一阿含經》卷三十一〈力品〉第三十八之六則說：「國界有賊，名鴦掘魔，極為兇暴，殺害生類，不可稱計，無慈悲於一切眾生，國界人民無不厭患。日取人殺，以指為鬘，故名為指鬘。」總之，這是一個兇暴的盜賊之流，後來受佛教化，改邪歸正，剃度出家，證得了聖果。這是「放下屠刀」之後，即能轉凡為聖的一個實例。在大乘經中說，這是大士菩薩為了度眾而作的化現，其實他沒有真的殺死當時的人。

室利笈多

在佛陀時代，摩揭陀國的王舍城中，住有一個名叫室利笈多的人，他在王舍城中，也有些名望，所以大家稱他為室利笈多長者，但他卻是露形裸體外道的忠實信徒。

佛陀是救人救世並救一切眾生的大慈悲父，只有勸化外道，改邪歸正，但卻絕不破壞外道的名譽，更不會存有傷害外道的心理。因為佛陀視一切眾生，都像自己所生的兒女，信了佛的，佛陀固然愛護，未信佛的，佛陀則更加關切，佛救一切眾生，不會放棄任何一個眾生。所以，佛的弟子們，也不會妨礙外道，相反地，並且時常給予外道的周濟。

可是，外道的心量狹窄，加上他們的邪知邪見，故對於佛陀的教化，不但感到嫉妒，尤其感到仇恨，他們時刻都想破壞佛教，加害佛陀。室利笈多長者，既是露形外道的忠實信徒，故也不能例外了。

然而，室利笈多是聚底色迦的妹夫，聚底色迦卻是一個虔誠的佛教徒，並且有著一個美滿的佛教家庭，所以室利笈多的太太，也是一個虔誠的佛教徒。這對於室利笈多而言，自然是太好了，但他自己，卻以為是娶了一個宗教上的敵人。可是，他在表面上，又不得不裝出一副君子的風度來，故與聚底色迦之間，仍然維持著姻親的情誼。

聚底色迦見他的妹夫，常常請了大批的露形外道到家裡去應供，便想設法也讓他能在三寶之中種種善根。所以找了一個適當的機會，向室利笈多建議道：「你既能向露形外道供養求福，是不是也能供養佛陀以及佛教的出家人呢？」

「你這是什麼意思？」室利笈多聽了，顯然是很不樂意。

「我是說：『佛陀才是無上的福田，當你供養之後，就會知道的。』」

「好了，你是想來說服我，也跟你去信仰佛教。」

「是的。能夠信佛，不是更好嗎？」

「這一點，你是很明白的，我是露形聖者的信徒，如要我來供養佛陀以及佛教的出家人，你是不是也能供養我所信仰的露形聖者呢？並且你要先我而供養露形聖者。」

聚底色迦心想：「這是一個多麼狡猾的外道信徒呀！」只是沒有說出口來。但他又想：如果不答允他的條件，他就沒有親近佛陀的機緣，答允了他的要求，自己也不致因此而去改信露形外道的。所以他便慨然接受了室利笈多的條件。

聚底色迦為表誠意，也像恭請佛陀應供一樣地去禮請露形外道的教主晡㘓拏道：「仁者及諸弟子，願至明日，光臨敝舍，受我微供。」

這對於外道晡㘓拏，實在出乎意料之外的喜事，他想：聚底色迦是一個有名的老佛教徒，如今居然會來請我應供，想必是沙門喬答摩（是佛的俗姓名，因為外道不敬佛，所以不稱佛陀的德號）得罪他了，或者是佛教的道理根本不好，否則，他怎會對我如此慇懃起來了呢？哦！他的妹夫不就是室利笈多嗎？室利笈多不就是我的忠實信徒嗎？大概他是受了室利笈多的勸化了，哈哈！室利笈多真了不得，真不愧是我的忠實信徒。

就這樣，外道晡囒拏，便在心花怒放的情緒下，接受了聚底色迦的恭請。聚底色迦為使室利笈多也能隆重地供佛齋僧，故於回家之後，便著手籌辦明天的飲食，並且連夜加工，精製烹調，幾乎像預備著供佛齋僧那樣豐盛和佳妙的食品，幾乎也像恭請佛陀光臨一樣地布置和灑掃。食堂裡擺滿了整齊的桌椅，桌椅上鋪上了莊嚴的席布，席布上擺設著名貴的餐具，室內瀰漫著香霧，門前陳列著各式各樣的盆景，地上清掃得一塵不染。

時間到了，露形外道晡囒拏，率領著一大群沒有威儀，不懂秩序，不知肅靜，不事清潔的外道徒眾，鬧哄哄地，亂糟糟地，爭先恐後地，蓬頭垢面地，七嘴八舌地，湧進了聚底色迦的大門。

但是，像這樣的擺設，這樣的排場，這樣的環境，反使他們驚喜得呆住了，他們從來也不曾受過如此的供養啊！可是，這使晡囒拏想起了佛陀，他想這原是佛陀的弟子，所以也用供佛的場面供養他，他又知道佛陀每有說法的因緣，必先微笑，必先從微笑中口放光明，必由侍者阿難尊者請示佛陀，佛陀然後說法開示。或為弟子授記，得何果報，何時解脫生死等。因此，他也東施效顰，遂將右腳踏住門檻，張口大笑，並示意他的弟子頂禮而問：「大德，有何殊勝因緣，而作如此大笑？」

他便信口亂說道：「是的，有大因緣，我以天眼看到他方世界的無醉池旁，有一大樹，樹上有一對獼猴，公的為了欲火所逼，追逐雌的，正在枝頭攀來擲去，公的不慎，墜地而死。我想如此的無知眾生，為貪鄙惡的淫欲之樂，竟然一命嗚呼了，所以我才大笑。」

聚底色迦在旁聽了，看他那副裝模作怪的表情，就猜中他是故弄玄虛，胡說八道，所以也在心中暗自笑道：「我看他是跑到針行裡來賣針了。」又為試探一下晡囒拏的真工夫，便將上妙飲食置滿缽中，再以粗餅覆於缽面，供奉晡囒拏，晡囒拏見此情形，心裡很不樂意，他想他是教主，為何他的食物反而不及他的弟子？繼而又想：可能聚底色迦尚有上妙飲食，會拿來的。但他等了好久，聚底色迦毫無繼續為他奉食的動靜，聚底色迦反問他：「為何不用呢？還等什麼嗎？」

「是的。」晡囒拏回答道：「現在只等你的上妙食品了，我相信你既請我應供，絕不會單以粗餅為供的，是嗎？」他還以為聚底色迦忙中有錯，竟把他的一份好供養弄忘了，所以立即提醒他。

可是，他所得到的反應，竟是如此地使他難堪！聚底色迦用偈語回答並諷刺他說：「應合見者不能見，不合見者詐言明！尚覩池側獼猴死，如何不見缽中羹。」

接著便將缽面的粗餅撥開，並向晡嚂拏笑笑說：「請看，這些還不夠好嗎？如果嫌少的話，等你吃完了，再為你添滿。」

晡嚂拏當著他許多弟子的面前，被聚底色迦拆穿了顏面，簡直是使他的尊嚴與神聖地位，毀於一旦了，所以草草地吃了飯之後，便以惡毒的心，為聚底色迦做了一個惡毒的咒願：「若人少行惠施時，及以供養設食時；此非言難詰責時，令其善福皆無報。」

聚底色迦是虔誠的佛教徒，他對晡嚂拏除了相機試探他的真修實學之外，並無作弄外道的念頭，故其聽了晡嚂拏的惡願之時，也只一笑置之。但是他家的下人聽了，卻是一肚子的氣，他們想：「我家主人好心請這些露形外道來家應供，讓他們吃飽了、喝足了，臨離去時竟願我家主人『善福皆無報』，這些真是豈有此理的外道，我們也應該給他們一點顏色看看。」遂在大門口倒滿了滑而且臭的骯髒水，並將門檻與門框弄成一半著實，一半懸空。當晡嚂拏帶著他的弟子們跨出大門第一步，便因踩著骯髒水而仰面滑了下去，他連忙伸手向後扶住門檻，竟又被因此而倒下的門框，打破了腦袋，血流如注！他的弟子們，或因搶著扶起晡瀾拏，或因驚恐地向外奔逃，所以也你擠我軋地，前仆後繼地，唰吧吧地，於滑溜溜的汙水地上，跌成一團。

因此，聚底色迦的下人們，便笑開了，並仿照晡瀾拏所作惡願的形式，以偈語諷刺他們說：「正是門關抽出時，及以穢缸傾水時，打破其頭血流時，此時善福還無報。」

再說，此時的室利笈多，正在猜想著他的教主晡瀾拏，既然受了聚底色迦的請供，以他教主之能，一定能夠因此機會而將聚底色迦勸伏，使他也信了露形外道。如果當真如此，他就可以不必請喬答摩應供了，所以他也愈想愈發興奮，愈想愈覺得他是一個有智慧的人，因為他使他的內兄聚底色迦，首先請了晡瀾拏，並且接受了晡瀾拏的宗教信仰。

想不到，室利笈多正在興奮幻想之時，晡瀾拏帶著弟子們，竟然頭破血流、渾身穢臭地闖進了他的家門，並以斥責的口吻怪他：「你做的好事，教你那個信佛的內兄，故意來侮辱躓頓了我一番。你看！我被他家的門檻打成這樣，又被他家故意傾倒的骯髒水，滑成這樣！」

室利笈多聽了哺嚩拏的斥責，又見了露形外道一個個地都弄成了那副狼狽而又可憐的樣子，氣得渾身發抖，一時之間幾乎說不出話來。停了半晌，才氣呼呼地，發咒似地又像請求饒恕似地安慰哺嚩拏說：「大師請且休怒，大師受侮辱，尚能夠活著離開聚底色迦的大門，明天輪到我請喬答摩應供，管叫他活著進來，死了出去。」

就這樣，室利笈多便懷著一肚子的鬼胎，去竹林精舍，禮請佛陀，第二天上午到他家裡應供。但他走在路上，腦海中又出現了許許多多的疑問號和驚歎號，他雖不信佛教，然他常聽說佛是無時不覺、無所不知的一切智人，佛的諸大弟子，都是大阿羅漢，比如大目犍連的神通，便是眾所周知的事實；佛的神通，自又超過他的弟子之上。如果佛是真正的一切智人，他便一定知道他去請他應供的用意，是要他的老命，而不是真的供佛齋僧。要是真的如此，不唯達不到害死他們的目的，相反地，自己的此一竹林精舍之行，便是走的有去無返的人生的最後一段路程了。不用佛來親自動手，佛的任何一位大弟子，稍施神通，便可將他拋往他方世界而致粉身碎骨。因此，室利笈多幾乎是在一步一個寒噤的情形下，走進了竹林精舍。

事實上，佛陀對於室利笈多這個人，早就知道了的，並且早已知道他是必將改邪歸正的人，這次他以害佛之心，而來請佛應供，而有親近佛陀的機會，也正是他得度的因緣成熟了。所以見到室利笈多，前來請佛應供，佛陀仍以平常的態度接見，他並且毫無考慮地，默然受請。

這對於室利笈多而言，無異是比中了頭彩還要得意，他想：「喬答摩此人，真是見面不如聞名，平常聽說他是如何地大智大慧與大威神力，今天看來，實也不過爾爾！他連我要害他之心，都未覺察出來，還說什麼無時不覺、無所不知的一切智人呢！不過，這也正好，明天等著瞧吧！明天我要請晡爛拏大師坐在一旁，看著喬答摩跟他的弟子們，一個個如何地在我巧妙地安排下死去，以報今日他在聚底色迦之處受辱的仇恨。」

室利笈多回家之後，便連夜趕工，在他家的門房之間的進門必經之處，挖了一個大陷阱，陷阱之中燃燒起熊熊的炭火，當其燒得煙盡炭熟的時候，再用活動的橫架架在陷阱之上，架上覆草，草上蓋土，土上再種植青草，一眼看去，若非知其內情，根本無法辨識，在此一片綠茵茵的青草下，竟是一個熊熊烈火的火坑。

於是，室利笈多幾乎是在同時進行，連夜趕著烹調飲食，用上等的原料，烹製出上等的飲食與點心，是上等筵席的烹調法，是上等食譜中上等名目的飲食，自然也是上等的色調，上等的氣味，以及上等的香料。最後，則在每一樣飲食之中，放下了劇烈的毒藥。一眼看去，若非知其內情，誰也不會相信那些第一流的上等飲食，竟是不得一口沾唇的毒物。

於是，一切準備妥當之後，室利笈多對著他的傑作，不禁得意洋洋，心想：「喬答摩這一下是死定的了，單是那個火坑，就夠填光他們了；劇毒的飲食，簡直是多餘的。萬一火坑的活動槓架失靈，而讓他們安然經過，這些飲食，也可使他們一坐下來，不再有活著起身的機會。」他以為他的這一害佛的計畫，真是萬無一失的了。

於是，他便首先請了他的教主晡嚂拏以及許多露形外道，坐在一旁觀看，讓他們欣賞這一齣即將演出的惡劇。

室利笈多看看日影，知道時間差不多了，便再派人去竹林精舍，偽稱：「食已辦訖，宜可知時。」

但是，室利笈多的太太，卻是一個虔誠的佛教徒，室利笈多雖然未將害佛的計畫告知他的太太，他的太太卻從各種的跡象中窺察出來，知道他的丈夫將做一樁大罪大惡的殺人勾當了；唯其尚不知道她的丈夫，竟然是要殺害人天的大聖、世間的救主、眾生的慈父、大悲的佛陀，所以她便向她的丈夫探問：「你今天做了這種可怕的準備工作，究竟是怎麼一回事呢？」

她這一問，把室利笈多問住了，同時也使室利笈多提高了警覺。所以，略微愣了一會，便坦然地告訴他的妻子說：「我要殺我們的敵人，我要殺我們大師的仇人。」

「那究竟是誰呢？」

「唔！妳既然要問，我就乾脆告訴妳，我要殺害的對象，便是妳所崇拜的沙門喬答摩！」

「啊！你簡直瘋狂了，怎麼可以殺害大德世尊大悲佛陀哪！」

「他是我的冤家對頭，妳不要多管閒事！」

「照你說，連我的大師，大仁大智大慈大悲的佛陀，都是你的冤家對頭，還有誰是你親善的師友呢？」

「嘿嘿，妳不知道嗎？」室利笈多陰冷冷地笑著，並且指著坐在一邊的晡�孥說：「喏，我所信仰的就是這位大師。其實，這是妳老早知道了的事呀！本來，妳是我的妻子，現在，在此緊要的關頭，妳是一個危險人物了，為了不使我的計畫失敗，只好委屈妳一下，請妳到後面的密室中，暫時躲避一會兒。」

說著，室利笈多便將他的太太，連拖帶拉地，關進了密室，帶上門，上了鎖，再檢查一遍，認為確已「安全」了，他才走開。

時間，在剎那剎那地過去，一切的布置，早已準備好了。從外表看，室利笈多的住宅，處處都顯示著莊嚴清淨的景象，道路上、庭院中、廳堂內，灑掃乾乾淨淨，室內供著鮮花，燒著名香，擺著席位，門邊放著水缸，注滿了淨水，又於一旁安置漱口用的楊枝，以及洗手用的澡豆。這些等等，無一不像預備著供佛齋僧的隆重場面。

此時的竹林精舍，佛陀正在吩咐阿難尊者，向大家宣布：要大家跟隨在佛陀背後，進入室利笈多的宅院，同時也不可不聞佛陀的教命，逕自食噉。

佛陀的弟子們，對於佛的教示，自是唯命是從的。不過，此時已有天人知道了室利笈多的詭計，並也知道了佛陀即將前去應供，故也頗為擔心地來勸告佛陀，說那裡的門內有火坑，那裡的飲食有毒藥，請佛陀不要去冒險。但是，佛陀的回答，卻很泰然，佛陀告訴天人說：「一切的欲火、瞋火、癡火，我已息滅，我並以智慧之水，消滅世間的一切欲火、瞋火、癡火，還有什麼火能害我的呢？一切的欲毒、瞋毒、癡毒，我已解除，我並以智慧之藥，解除世間的一切欲毒、瞋毒、癡毒，還有什麼毒能夠殺我的呢？」

因此，佛陀與其諸大弟子，便自竹林精舍出發，走向王舍城中的室利笈多家去。唯於沿途之中，又遇到了許多的護法天神，勸告佛陀，請佛陀不要去冒險應供，佛陀則以同樣的話回答他們。

現在，佛陀已經走近了室利笈多的大門，一步一步，緩緩地，莊嚴地，穩重地，走近陷阱的邊緣。此時室利笈多的住宅中，靜得鴉雀無聲，室利笈多以及晡嚱拏等的許多露形外道，都在緊張的氣氛之中等待，他們的心情，隨著佛陀的步伐一步步地向前，也就一剎那一剎那地更加緊張起來。尤其是室利笈多，見到了佛陀那種步行的儀態莊嚴，比起晡嚱拏的舉止，真不知要高貴幾千萬倍，也不知要超脫幾千萬倍，故在心底，也泛起了敬仰佛陀的念頭；但他面對著即將發生的大罪惡，竟又不知如何是好，他很想立即高喊佛陀，請佛陀不要踏進了陷阱的火坑，但他已沒有這股勇氣了，所以，他著急得幾乎要窒息而暈倒下去。

終於，神蹟出現了。佛陀的足步，剛剛跨進陷阱的火坑，整個的陷阱，竟然變成了一方清淨的蓮池，池中的清水，澄澈見底，池面布滿了盛開的蓮花，開得又大又美，芳香撲鼻，花瓣底下，還有五色的錦魚，在水面悠游往還。佛陀以及佛的弟子們，便以足踏蓮花，通過了那個由陷阱的火坑變現而成的蓮池，進入了室利笈多的內宅廳堂。

這樣一來，使得室利笈多高興極了，心想：大悲佛陀，究竟是名不虛傳，究竟是一切智人，究竟是值得一切世人所敬仰的大悲佛陀。於是，便向晡嚫拏說：「你看，大德世尊的神力變現，真是稀有難能啊！」

「噯！長者室利笈多，難道你忘了你是我的信徒嗎？怎麼為喬答摩的這一點小小幻術迷惑住了呢？」晡嚫拏顯得極不樂意的樣子。

「好了，縱然這是幻術，但我迄今從未見過，你也施一點幻術給我看看，請你現在就試，現在就把這個由佛陀變現的蓮池，再化成火坑，好嗎？」很顯然地，室利笈多已經不再信仰露形外道了，哺嘱拏自知無能為力，自知在任何方面，都不是佛陀的對手，只好帶著滿肚的羞愧與恐懼，率領著他的弟子們，低著頭，曲著背，偷偷地從旁邊的小門溜了出去。

但是，這時的室利笈多，由於他所製造的罪行，也羞愧得無地自容，他不好意思來迎接佛陀了，因他自知他的居心，他的行為，實在太可恥太醜惡了，像他這樣一個醜得不能再醜的人，怎有面子去見佛陀呢？但他想到他的妻子是佛教徒，今天接待佛陀的任務，只好請他的妻子出面了。於是，便向後面那間禁閉著他妻子的密室走去。

此刻，他的太太，在密室之中，也正急得像隻熱鍋上的螞蟻，她計算著時刻，她知道佛陀已經光臨了，她想像著佛陀的威儀，如何走進她家的宅院，她又想像著佛陀的災難，如何走進了陷阱，如何落入了火坑，如何被火煙熏灼而咳嗽流淚，如何被猛焰纏身而衣隨火化，如何使此偉大的天人導師，血肉燒枯而只剩舍利……。因此，她在密室之中，搥胸哀哭，迷悶於地。萬想不到，她的丈夫竟然打開了她的密室，並以哀求的口吻說：「好太太，現在請妳為我招待世尊吧！我實在太難為情了。」

「你說什麼？世間哪裡還有世尊，大德世尊已經被你們這一班惡人謀殺死了。」她還以為她的丈夫要她去招待露形外道晡囒拏，而妄稱晡囒拏為世尊哩，所以她非常忿怒。

「好太太，請你寬恕我的愚癡。其實，世間沒有一個人能夠加害世尊的，世尊太偉大了，所以我才羞愧得不敢拜見他了。」

「既然如此，你只要知過能改，只要痛切悔過，世尊是世間最慈悲的聖人，世尊是會原諒你的，讓我帶你去禮見世尊吧！」

室利笈多跟在他的太太背後，見了佛陀便拜伏在地，拜下之後，竟又羞愧得不敢抬頭了。他的太太知道他的意思，所以連忙向佛陀低頭合掌，請求佛陀慈悲，寬恕他丈夫所作應受無間地獄之報的重大惡業。佛陀卻說：「我已寬恕了，起來吧！」

其實，出佛身血，才是無間惡業，如今的室利笈多，由於佛陀的慈悲，他只犯了殺害佛陀未遂的罪而已。所以室利笈多感到太高興了，佛陀既有這樣偉大的神力，又有這樣慈悲的心懷。

看看門外的日影，已近中午了，該是供佛齋僧的時候了。但是室利笈多面對著那些下了毒藥的飲食，心裡發慌，如若再煮罷，時間不夠；如果不煮罷，豈不是依舊謀害佛陀嗎？然而，重新煮過總比謀害佛陀好得多了，所以請求佛陀，暫時等一下，他將重新辦理齋供的飲食。

佛陀竟又明知故問：「長者，你不是派人到竹林精舍說：『食已辦訖，宜可知時』的嗎？」

「是的，世尊。」他又顯得惶愧起來：「不過，我太罪過了，我最初是對世尊做不利之事的，我是準備毒害世尊的，所以飲食之中早已下了劇毒的毒藥了。」

佛說：「我已斷盡了一切不利於我的事了，世上沒有人能對我做不利之事的；我已解除了一切的欲毒、瞋毒與癡毒的了，世上沒有毒藥能來毒害我的了。你放心吧！就把先前準備的飲食，拿來供養罷！」

佛陀為使室利笈多，生起更深更大的信心，唱了一個神咒，食中之毒，便化除了。

但這在室利笈多夫婦二人看來，簡直是一樁極其冒險的行為，故在行食之際，每將飲食放進佛陀及諸比丘的缽中時，心裡頗感不忍。當大家在一口口地嚼嚥之時，他倆更加擔心，好像那些下了毒藥的飲食，不是吃在佛及僧眾的肚子裡，而是裝進了他倆自己的肚子裡了，故亦隨著時間的過去，他倆的肚子，也就感到愈發難過起來，像是火燒，又像是刀戳，終於，渾身冒出了緊張與恐懼的冷汗。

可是，一餐齋供過去了，佛陀以及佛的弟子們，竟無一人中毒，大家飽餐一頓，依舊平安無恙，這使室利笈多夫婦二人，放下了憂心，又提高了信心。食後，佛陀照慣例要為齋主說法，此次對於室利笈多，是最得時機的教化了，所以在聽法之後，開了智慧之門，破除了種種邪見，證得了聖位初果，虔誠皈依三寶，受五淨戒，成為一個標準的在家佛子。

（本篇取材於《根本目得迦》改寫而成，《增一阿含經》卷四十一〈馬王品〉第四十五之七也有同此的故事，但不及《目得迦》所載的生動）

貧生童子

在佛陀時代的印度王舍城地方，有一位商人的兒子，因為父親出海經商，遇難死於海上，他們家裡，僅靠他的母親做苦工並向鄰里親戚們借錢維持生活。因為他家太窮了，所以大家都叫他貧生童子。

貧生童子漸漸長大了，並且也學會了好多謀生的本領。有一天他偶爾跟著他的同學們到佛陀的竹林精舍去玩，竹林精舍的門前廊下，畫著很多各式不同的畫，同學們看了，除了覺得好玩，並沒有什麼反應。但在貧生童子看了之後，不唯感到興趣，而且還向站在一旁的出家人問長問短。

那個出家人，非常和氣，非常詳細地，將那些畫的意思，向他講了一遍。這在貧生童子聽來，每一幅畫，都是一個生動的故事。

那些畫裡面，畫著天、人、地獄、鬼、畜生的種種形態。有的使人害怕，有的使人恐怖，有的使人喜歡，有的使人嚮往。同時，貧生童子在那個出家人的講述之中，知道了無論是誰，如果不能修道了生死的話，生生世世，永遠都在天上、人間、地獄、餓鬼、畜生之中，來來去去地投生和死亡。當然，貧生童子已經看到了畫中的地獄、餓鬼、畜生，都是受苦的，都是可怕的，只有天上的天人是快樂的，是逍遙自在的。

「我想生天，怎麼樣才能使我生天呢？」貧生童子問那個出家人。

「哦！很好，太好了，你想生天嗎？」那個出家人向他淺淺地一笑，並且懇切地告訴貧生童子說：「如果你能出家受戒和持戒的話，一定可以生天的；如果努力修行，還能夠了生脫死呢！」

貧生童子想了一陣，他覺得家中還有年老的母親，出家實在不忍心，於是接著再問：「我不能出家，除了出家，還有什麼方法可以使我生天呢？」

「那麼，你就受五戒，做一個在家佛弟子吧！」

「什麼是五戒呢？」

「第一不殺生，第二不偷盜，第三不邪淫，第四不妄語，第五不飲酒。」

「噢！那太多了，恐怕我還是無法做到。除了這些，還有另外的方法能使我生天嗎？」

那個出家人看看貧生童子，心裡想：世間上的眾生，根機的差別太多了，這個孩子，也許現在的機緣尚未到達最高的階段，還是用最簡單的方法來接引他吧！於是便對貧生童子說：

「如果你能供養佛陀及此間的出家僧眾，這一供養的功德，也可使你生天的。」

「供佛齋僧？那要多少錢呢？」貧生童子雖然很窮，但他以為這倒不妨可以試試的。

「我們竹林精舍的出家人很多，通常為我們辦一餐供養，要花費五百個金錢哩！」

「好的，我就這樣做吧！」五百個金錢，對貧生童子來說，幾乎是一樁夢想不到的事，他家裡窮得連一日三餐都不易維持，哪裡去找五百金錢呢？可是他的信心很堅強，他一口答應了。

貧生童子回家之後，想到了一個辦法，並且也告訴了他的母親，他說他從明天開始，去幫有錢人家做苦工，一直做到足夠五百金錢的工資時，他就拿去供佛齋僧。他的母親非常慈祥，但卻也不以為然地說：

「供養佛陀及出家的僧眾，實在是一樁好事，然而像你這樣小小的年紀，誰會要你做苦工呢？」

貧生童子雖然自知年紀小，但他相信為了供佛齋僧，一定會使他達成目的的。於是，一天、二天、三天⋯⋯，好幾天過去了，他天天到街上去找工作做，天天總是失望地走回家。最後看到一個大富人家為了起造房屋，要雇大批的工人，他便自動地走了過去。

「去去去！小孩子，你能做什麼！」那個富翁也是不要他。

「難道說你們是先付工錢後做工的嗎？」貧生童子也生氣了。

「那倒不是的。」富翁回答。

「既然不是，能不能先讓我做一天試試，如果滿意的話，就給我工錢，否則你就不要給我工錢，明天我也不來了。」

「你不要錢，我也不放心讓你做，你會糟蹋了我的材料。不過，看你小小年紀，可憐巴巴地，就讓你做一天試試罷！」

富翁終於對貧生童子開恩了，但是一天的工做完之後，竟然大大地出乎富翁的意料之外，不但貧生童子善於做工，並且比其他的工人做得又快又好；尤其他能講故事，邊做邊講故事，其他的工人為了要聽他講故事，就不得不跟他一同工作，一同進行。因此工作一天下來，同樣多的工人，要比以往的工作成績，多出一倍以上。

因此，那個富翁笑咧著嘴，對貧生童子和藹地說：「好孩子，你真會做，明天一定還要來唷！一直到工作全部做完，你才能夠不來，否則的話，我就不付你的工錢。」

「好的，工錢留到最後一齊算好了。」其實這也正是貧生童子求之不得的事啊！

做了許多時日之後，這一富翁家的工作做完了，結算工資，共計四百五十個金錢，距離五百個金錢，尚差五十個，對著這筆工資，他非常傷心，傷心得哭泣起來，因為他想：「除此之外，又從何處再賺五十個金錢的工資呢？」但他這一哭泣，引起了富翁的懷疑：「小孩子，我沒有因為你年紀小而欺侮你呀！你的工資是一分一釐照算的呀！難道你以為四百五十個金錢還不夠嗎？」

「不是的，我相信你是最最善良的大富長者，你不會欺侮我。但我為了供養佛陀及竹林精舍的出家僧眾，做了這麼久，還差五十個金錢，這叫我怎麼辦呢？」貧生童子說出了他的心願之後，竟然大大地感動了那個大富翁，他想：「我這樣富有，也不曾想到供佛齋僧，這個窮苦的孩子竟會以做苦工的代價，用來供佛齋僧。」因此他就慨然地說：「孩子！你不用哭泣了，我給你補足五百個金錢就是了。」

這是一個好辦法，好消息，但這對於貧生童子，仍然不能釋然於懷，他不知道加上了別人的五十個金錢，是否還能生天？他去問佛，佛說：「孩子，你會生天的，當你最初發心要供佛齋僧的時候，就已決定你將生天了。」

貧生童子，把這事情告訴了他的母親，他的母親很高興，但也很難過，因為他太窮了，如要供佛齋僧，竹林精舍那麼多的出家人，全部來應供，叫他們坐在哪裡呢？沒有像樣的客廳，也沒有足夠的桌子椅子，還有煮飯的灶，煮菜的鍋，盛飯的桶，裝菜的盤，總之，一切的一切，都沒有辦法把這樁供佛齋僧的大事情做好。

貧生童子急中生智，他做苦工的東家，不是剛剛造了新的房屋嗎？這樁大事，如能借在富翁家裡做，那就太好了。

當然，能有佛陀光臨，為自家的新房子光照一次，實是難能可貴的事，那個富翁也就欣然接受了貧生童子的要求。

先一天，貧生童子便去竹林精舍，頂禮佛足，請求佛陀慈悲哀憫，第二天上午，到那富翁的家裡，接受他自己的供養，佛陀默默地答應了。

第二天一早，貧生童子，在那富翁家裡，上上下下，裡裡外外，進進出出地忙碌著，富翁的全家乃至每一個奴婢，也都忙碌著，汲水的汲水，劈柴的劈柴，洗菜的洗菜，煮飯的煮飯，配菜的配菜，烹調的烹調，有的掃地，有的灑水，有的擺席位，有的鋪席布，有的布置室內，有的整飾道路，大家都在準備著迎接佛陀以及佛陀的諸大弟子的光臨。

一切準備妥當之後，貧生童子又去竹林精舍，再度請佛及僧，赴齋應供。

終於，佛陀帶著一大隊威儀整齊的出家僧眾，一個個披著袈裟，捧著缽，端莊、安詳、肅穆、嚴整，緩緩地，飄飄然地，走進了屋子，坐定了座位，供養也就跟著開始了。但是，神蹟也出現了——貧生童子，親自端著上妙的飲食，一次又一次地給僧眾們來回地加添，桶裡的飲食，卻始終不見少去，一直等到所有的僧眾，全部吃飽了，他所預備的飲食，還是跟先前一樣多。飯後，佛陀為貧生童子說法開示之後，便與諸大弟子們又回到竹林精舍去了。但是，留下來的剩飯剩菜，又為貧生童子帶來了煩惱，他不知應該如何處理，甚至懷疑自己的業障太重，致使佛及僧眾未能將他的供養全部接受，故也懷疑到，這樣一來，是否尚能達到生天的願望。

其實，佛陀顯示這個神蹟，是有原因的。

當天，正有一大隊五百個販寶的商客，從遠處來到王舍城，那天適逢城中的節日，所有的飲食店，全部停業休假，五百個商客，找遍了王舍城，也無法求得飲食，最後聽說貧生童子供佛齋僧之後，尚有大批的剩餘飲食，他們便來要求貧生童子，供給他們，並願給錢，照價收買。貧生童子為了供佛齋僧而辦飲食，自是不肯收錢。但當五百個商人吃飽之後，商人的首領為了感念貧生童子施養之恩，便問貧生童子是誰家的孩子。殊不知，詢問之下，貧生童子的父親，竟是這個商人首領的老朋友，貧生童子也正是這個商人首領所要尋訪的對象，因為貧生童子的父親，有一大筆遺產，託請這個商人首領交給貧生童子哩！

不但付給了遺產，並且還由商人首領帶頭，五百個商人，各各拿出一件珍寶，贈送貧生童子，表示敬意。頃刻之間，貧生童子的面前，便已經堆滿了一大堆的寶物。然而，這使貧生童子更加惶恐了，他說：「我是為求生天而辦飲食的，我又不是為了賺錢而辦飲食，我怎麼能夠接受這些寶物呢？」

商人首領無法可想，只好叫他去請示了佛陀之後再說。

佛陀的回答，也叫貧生童子安心收下這些寶物，並且還說：「這是你供佛齋僧的現在果報，以後生天的果報，尚待你死了以後去享受哩！」

因此，貧生童子，在半日之間，便成了王舍城中的第一大富翁。正好當時城裡的第一長者去世了，貧生童子便被全城的人民，選舉為王舍城的第一長者。

貧生童子的名氣漸漸大起來了，他的財富和有關他的事蹟，也被當時的國王知道了，國王非常欽佩他，所以要他去做大臣。先前雇他做苦工的那個富翁，也把女兒嫁給貧生童子做夫人了。

從此，貧生童子的福報，一天天地大起來，財富源源不絕而來；在他家裡，一切的珍珠寶物，亦會自然而生，他有多少財富，連他自己也數不清了。

因他善於生福生財，所以大家不再叫他貧生童子，而改稱為善生長者了。

這就是佛經中有名的善生長者的少年的生活，後來皈依了三寶，受了五戒，並且證得了聖果，成為佛陀時代有名而且標準的護法居士。

（本篇取材於《根本說一切有部毘奈耶》卷三十四改編而成，一九六二年十一月於臺灣美濃朝元寺）

佛母摩耶夫人

一

有福德的人，會與有福德的人相遇相處而共同建立他們的家庭、社會、國家和世界；有智慧的人，則與有智慧的人相遇相處而共同建立他們的文明、文化、道德、宗教等的幸福世界。有大福德的人，必定也有大智慧，能夠福慧雙運的人，方是人格完美的人。自從有歷史記載以來，我們所知道的唯一具有至高完美人格的人，便是佛陀釋迦牟尼。

釋迦牟尼世尊，當其在兜率天未降生人間時，早已是一生補處位的最後身菩薩，名叫護明，為了救度人間眾生的疾苦，所以示同凡夫而入母胎，受人身，修行成佛。但是要成為佛的生身母親，絕非一般福薄無智的女人所能勝任。如要成為懷孕佛陀聖胎的女人，她必定具有三十二種功德相：例如正德而生，肢體具足，所生之處尊貴，德行無缺，種族清淨，端正無比，身體容貌上下相稱，從未生育，心常隨順一切善事，無有邪心，身、口、意三業自然調柔，要多聞，極工巧，心無所畏，無諂曲，無誑詐，無瞋恚，無嫉妒，無慳悋，能忍辱，有慚愧，薄淫、怒、癡，無有女人過失，孝順父母，心向丈夫，能生一切諸功德等。

像這樣一位幾乎是十全十美的女性，究竟是誰呢？為了釋迦世尊的降生人間，因緣已經有了安排。

在中印度的一個小城邦，迦毘羅衛國，是由釋迦族所建的小國家，離其國都不遠處，另有一城，名叫天臂，也屬釋迦族的一支，城中有一位豪貴的長者，名叫善覺，他的財富之多，無法估計，當時的人，把他看作財神。他一共生了八個女兒，相師們看了這八個女兒的相貌儀容，均說當生富貴福德之子。這消息被迦毘羅衛國的淨飯王知道之後，便遣使者前往求婚，結果，迎娶了摩耶及婆闍波提。

這兩位偉大的女性，是與釋迦世尊歷劫以來，有過大善因緣的人，她們來到人間，正是為著迎接釋迦世尊的降生和撫養成人。

因此，當釋迦世尊入胎之前的當天晚上，摩耶夫人即向淨飯王請示，能否讓她從那天夜裡開始，受持八戒，所謂八戒是指：不殺生、不偷盜、不淫欲、不妄語、不兩舌、不惡口、不說無意義話、不貪瞋愚癡及不邪見。淨飯王不但不反對，並且也受了同樣的八戒。因此，經中有一首詩讚歎淨飯王的道心：

大王見了菩薩的母親，從座起立而生恭敬的道心；
視同母親又像是姊妹，打心底起忘了欲想和欲行。

護明菩薩從兜率天，下降人間之際，一切世間光明普照，大地震動，大海奔湧，諸水逆流，一切草木花卉，無不欣欣向榮，乃至人間地獄的苦惱眾生，一切也蒙受了快樂。摩耶夫人則於夢中清晰地見到菩薩，騎著六牙白象，從她的右脇，進入胎腹。當時她的身心，均感到有無比的清涼、爽快和愉悅。根據占夢師的判斷，這是將生貴子的吉兆。此子將來若不成佛，必能名聞遠揚。

摩耶夫人懷著菩薩的聖胎之時，與一般的孕婦完全不同，她自懷胎以後，從未覺到腹痛腰痠，而且沒有驚恐怖畏之心，百毒不侵，眾穢不染，身不疲倦，反而有大安樂，持戒清淨，不起欲想，不貪異味，沒有寒熱飢渴的感受，經常心地開朗，喜行布施，慈悲憫念一切眾生，以平等心做大利益。

菩薩住胎之時，摩耶夫人也能顯大神蹟，不論男女老幼、富貴貧賤，凡是被鬼神所祟者，一見摩耶夫人，立即恢復正常；或有黃腫病、瘋癲、癬癩、腫瘤、癰疽，以及一切疼痛，奇難雜症，只要來到摩耶夫人之前，夫人為其用手摩揉，或隨取草莖、草葉、樹葉相與，便可痊癒。

二

釋迦世尊降生人間的目的，是為救度人間的大眾，所以他要和其他的凡人一樣，住胎十個月，然後光臨我們這個世界，用以顯示，佛是由人而完成的，以說明人人均有完成佛的偉大人格和福德智慧的可能。

未成佛時，仍被稱為菩薩的釋迦世尊，將要出生之前，天臂城的善覺長者，依照當時印度的習俗，派遣使者去向迦毘羅衛的淨飯王要求，准許他將摩耶夫人迎回娘家生產。

於是淨飯王為摩耶夫人的回娘家產子，準備了隆重的儀仗，豪華的交通工具，莊嚴的寶飾，豐富的器具和衣服，派了穿戴盔甲的力士，優秀的侍女。善覺長者方面也備了幾乎相等的迎接設施，一方是歡送，一方是歡迎，為兩城之間帶來了一次從未見過的盛況。

善覺長者為他的女兒摩耶夫人預備的住宿遊息之處，是位於迦毘羅衛及天臂城之間的一座廣大優美的園林，這座園林，是天臂長者為了他的夫人藍毘尼而建造，故名為「藍毘尼園」，因此，摩耶夫人這次是名副其實地回到了「娘家」。這座園林，經過園藝專家的精心設計布置，除了建築物之外，有蓊鬱扶疏的各種樹木，更有來自各地而不同的草類，不同品種的花卉、果樹、草木、木本，遍植園中。又有許多的香池、溫泉和綠沼，彼此間連貫著悠然的清流，風光極其宜人。而這一切，正是為著釋迦世尊的降生，所做的自然安排。

摩耶夫人到達藍毘尼園的那天，以中國曆法的推算，是在四月初八日。夫人從寶飾莊嚴座車上走下之後，即由隨侍而來以及迎接她的綵女們，焚香熏衣，香水淨路，音樂圍繞。摩耶夫人，徐步安詳，處處觀看，欣賞美景，從此一林到那一樹，幾乎在她遊遍了藍毘尼園的全景之時，發現其中一樹，特別地醒目：此樹枝幹，上下均勻，枝條下垂，遍布四周，樹葉最奇，半綠半青，翠紫相輝，如孔雀的頸項，其枝葉柔軟，如天鵝絨，加上此樹所開的花，色澤柔和，芳香撲鼻，以致使得見者歡喜、聞者歡喜。此樹名為波羅叉，意譯為無憂樹。摩耶夫人緩步走到此樹的下面，很自然地舉起右手，攀在一枝垂曲的樹枝上。這個伸手攀樹的動作，在佛教史上極其重要，對於釋迦世尊降生人間的因緣，也極關重要，故有諸天玉女，來到摩耶夫人之前，合掌恭敬，同聲合唱：

夫人今當生貴子，能斷生與死之根；
他是天上人間師，決定沒有倫比者；
他是諸天之聖胎，能拔一切眾生苦；
夫人呀，辛苦了，我們大家來扶持你吧！

菩薩入胎，是從摩耶夫人的右脇而入，現在出胎，也是由摩耶夫人的右脇而降。所以初出胎時，即能安詳起立，身上不沾任何汙穢之物。當時天樂鳴空，百花怒放，萬獸歡騰，眾鳥合唱。菩薩初生，即能自由自在地向東、南、西、北四個方向，各行七步，步步舉足，出大蓮華，走過之後，目觀四方，高聲說偈：

> 世間之中，我為最勝；我從今日，生分已盡。
> 我於世間，最為殊勝；我斷生死，是最後邊。

從佛傳中的記載看，有許多是屬於宗教信仰及宗教經驗的事，比如右脇降生之說，違於常情常理；初生下來，即能自行四七二十八步，以及天女扶持，帝釋天為其接生，八大龍王為其吐出溫水沐浴等事蹟。以信仰的立場，無一不可接受；以普通讀者的立場，你也不妨將之視為傳說好了。因為照佛經的記載看，為了釋尊降世後所發生的種種異相異狀，動員了全國的神異相師、術士，來推算和辯論，可知這本來就不是發生於常人常識中的事。

摩耶夫人誕生了釋迦世尊之後，便從天臂城的藍毘尼園，與新生的王子，一同被迎回了祖國迦毘羅衛城的王宮。

三

摩耶夫人，來到人間的任務，便是為了釋迦世尊的宿胎和誕生，她從天上來，任務完畢，又回到天上去了，那是釋尊誕生了七天以後的事。因為尚有一位偉大的女性，正在等待著，在釋尊的撫養過程中，擔負起重要任務，那是摩耶夫人的姊姊摩訶婆闍波提夫人。

但是，在佛陀的傳記資料中，此後的摩耶夫人，依舊出現了好多次，例如釋尊出家初期，修持極為精進艱苦，身心疲乏衰弱得無法支持而倒下之時，摩耶夫人從天上下降，探望慰問；釋尊成佛後第七年夏安居時，特別去忉利天上，為母摩耶夫人說法；最後當佛陀涅槃之時，摩耶夫人再度從天下降，涕淚悲泣。因為佛陀在入滅之前，派遣弟子優波離尊者，去忉利天告知摩耶夫人，願母早來禮敬三寶。摩耶夫人來到佛涅槃處，求佛再留半偈佛法，釋尊的色身雖已安置在金棺之中，仍然開棺顯現於佛母之前，為母留下五句法語：「世間苦空，諸行無常，是生滅法；生滅滅已，寂滅為樂。」

看來，這是佛陀的最後遺教，其實佛在一生教化期中，常常提示這幾句法語。

中國最流行的一部《地藏菩薩本願經》，即是釋迦世尊上升忉利天宮為摩耶夫人宣說的大乘經典。

大、小乘諸經典中，提到摩耶夫人之處很多，本文是依據《佛本行集經》而參考其他諸記載。八十卷《華嚴經．入法界品》，所述摩耶夫人，最為殊勝神妙，讀者不妨自己去檢閱，本篇不做介紹了。

（一九七九年十一月二十一日於紐約禪中心）

聖妃耶輸陀羅

一

釋迦世尊未出家時，既是一國的太子，他的生活和經歷，也就與一般的太子一樣。但是他的父親淨飯王，時時擔心他會應了阿私陀仙人等的預言：「在家當為轉輪王，出家必將成佛道。」故到釋尊十九歲那年，淨飯王便為太子建造三時宮殿，讓太子分別於不同的季節住入不同的宮殿，一為冬宮，一為夏宮，另一為春秋宮。這也是為太子納妃而做的準備工作，用來防止太子走上出家的路。

太子成年之後，從經中的紀錄看，他先後娶了三個妃子，並建三等宮舍，第一宮納耶輸陀羅妃，第二宮納摩奴陀羅妃，第三宮納瞿多彌妃。其中以瞿多彌的年齡最大，可能與釋尊相似，耶輸陀羅的年齡最小，可能幼於釋尊十來歲。但是釋迦族重視本族的婚姻，故將摩耶夫人之兄所生的耶輸陀羅，立為正妃，後來也僅耶輸陀羅為太子生了一子。

瞿多彌也是釋迦族的女性，她是一位名叫檀荼波尼的女兒，她很有男孩子的性格，她也不喜歡帶有脂粉氣的男人，比如在她選擇結婚對象的集會上，許多男孩子為了吸引瞿多彌的注意，將他們家裡能夠穿戴的掛起來，炫耀財富、增加姿容、助長體態的種種高貴衣服及瓔珞等珠寶飾物，都呈現了出來，但是，瞿多彌看了之後的評論是這樣的：

「這些男孩，打扮得花枝招展，倒像是待嫁的女孩了，這是婦女們媚惑式的裝飾，是膽怯懦弱的表示，缺少勇敢精進的大丈夫氣。男子漢不應假借外物莊嚴，自身的氣質和相貌，才是最好的莊嚴，正好像悉達多太子一樣，他雖貴為太子，富甲全國，也沒有打扮得珠光寶氣，所以我已決定要嫁悉達多太子了。」

悉達多是釋尊出家成佛之前的本名，從年齡的考察而言，瞿多彌應該比耶輸陀羅更早進入迦毘羅衛城的王宮，她在宮中，對於太子的協助很多，並且輔佐其他的妃子，管理和照料宮中的女子們。

另外一位妃子摩奴陀羅的事蹟，經中的記載不詳。有緣的，必定相會，雖然是修行到了最後一生馬上就要成佛的階段，仍有三位女性，要嫁給他成為夫妻，經中當然也由釋尊自己說明了這些女性之所以要嫁給他的原因——往昔生中所發生過的事蹟因緣。

二

釋迦世尊時代的印度社會，對於男婚女嫁的風俗，相當開明，凡是待娶或待嫁的男女青年，均有自由選擇終身伴侶的權利和機會，通常的方式是父母為他們已成年的男孩或女孩，發布消息，舉行一次為期數天的集會，就在聞名而來的與會者之中，物色理想的對象做為適當的配偶。如果遇到應徵者或求婚者超過一人以上時，便以競技鬥藝、比試學問的方法，來確定最優勝者是誰。

近代的學者之中，雖有人以為釋迦世尊並未以競技求婚的方式娶得耶輸陀羅，但在佛傳的資料中，有著如此的記述，這也反映了佛陀時代的印度社會，曾經有過競技求婚的風俗。

耶輸陀羅是天臂城主善見王的公主，她的美麗聰慧，一經傳出擇偶待嫁的消息之後，便瘋狂了全印度的王子與貴公子們，紛紛前來求婚，她成了未婚青年們戀愛和追求的夢中美人，她像一朵高潔清雅而散發著幽香的大白蓮花，玉立在風光綺麗的池中，風靡著無數賞花觀景的人。

因此，發生了一場空前的競技求婚的大會。其實，在競技之前，耶輸陀羅的芳心，已經屬於悉達多太子。

那是淨飯王為悉達多太子舉辦的徵婚集會上，從全印各地各國來的少女們，不論美醜貴賤，都能從悉達多太子手裡，得到一份珍貴的禮物。當大會已將結束，太子已將所有準備好的禮物全部送光之時，耶輸陀羅才從天臂城趕來看熱鬧，她根本沒有準備來應徵，所以也沒有像其他少女們那樣盛裝赴會，她沒有要做太子妃的心理準備，所以也不像其他的少女們，在悉達多太子面前出現時，心慌意亂地渾身不自在，羞澀地連抬頭正視的勇氣都沒有了。

耶輸陀羅來到太子跟前時，好像天天生活在一塊兒的妹妹見了大她幾歲的哥哥那樣，毫不忸怩地說：「怎麼地？大家都有禮物，就是沒有我的份嗎？太子？」

「真對不起，美麗的公主，只因為妳來遲了一步，準備好的禮物，剛才已經全部贈送完了。」太子看到這麼一位氣質高潔而又美麗明朗的少女，在七天以來的徵婚會上，這還是第一次。

「難道我有什麼不對的地方嗎？否則就是你欺侮我了，太子。」

「請別生氣，我不敢欺侮你的，這是真的，因你來遲了，所有的禮品已經送完了。」太子說完話，便隨手脫下一隻價值連城的寶印指環，贈與耶輸陀羅。

「我對於你，就只值這麼一點東西嗎？」耶輸陀羅接下太子的指環，同時輕蔑地一撇嘴說：「哼！還是欺侮我。」

太子遇到這麼一個俏皮的、爽直的、敏慧的、美麗的少女，便情不自禁地非常喜歡她，於是便說：「好了，妳可以把我現在身上所佩戴的一切，全部拿去。」

「算了吧！我豈能剝光你的身體。」說著，她便現出很不高興的樣子走了。

其實，這一次的會面，在彼此的心田中，都種下了互相愛慕的根，所以經中的形容是：「其女後來，太子共語，數番往復，兼且微笑。停住少時，調戲言語。太子彼女，二顏俱悅。彼此對答，四目相當。」

三

可是，當悉達多太子派人去向善見王求婚之時，卻遇到了困難。善見王的答覆是：「照我們釋迦族的古規，如果誰能以技藝勝過所有的競爭者，他便有資格娶我的女兒。不過，我僅聽說太子從小生長於王宮深處，嬌生慣養，只知耽於遊戲玩樂，未曾聽說也學過任何文藝、武術、兵書、弓箭等事，總不能叫我女兒嫁給一個不學無術的低能兒吧！相反地，倒有幾位已來求過婚的青年之中，例如提婆達多的硬弓、阿闍那的馬術、難陀的烈劍，是我所知道的事。」

這等於是說，悉達多太子，根本沒有可能娶得耶輸陀羅為妃子了。然而，悉達多太子是充滿信心的，耶輸陀羅則在為太子的優勝而禱告。競技快到的前幾天，耶輸陀羅見到了悉達多太子，並且鼓勵著說：「太子！為了我，你也得勝過他們哪！」

「請放心吧！公主，我不會怯場的，請妳準備著做我的妃子好了。」太子微笑著說得非常地輕鬆而又那樣地真切。

競技的日期，即將來臨，釋迦族的王子們，以提婆達多及難陀為首，都在努力著練習騎術、弓箭與技擊等的武功，其中包括難陀在內，都覺得這次的優勝者，八成是提婆達多，他們只是趁此機會，多一次鍛鍊學習和比賽的經驗而已，因為他們一向覺得提婆達多是他們之中最強的一位。

他們幾乎把悉達多太子將成為這場競技中勁敵的事，沒有估計在內。因為這時的太子也沒有練武功，反而靜悄悄地在森林裡的石頭上，盤起腿子，打坐冥想哩！太子的心裡很寧靜，他想：「真是奇怪的事，為了爭娶一位女孩，轟動了這許多男人，來參加競技角鬥，究竟是何苦呢？」

然而，悉達多太子，還是加入了這場競技大會。當他進場的時候，善見王伴著耶輸陀羅早已在座，提婆達多等諸王子也各就各位。太子受到了群眾熱烈地歡迎，也受到了善見王禮貌地接待。接著，太子便退到競技者的席位。大家都在猜測議論：「這次的優勝者，究竟會是誰呢？看樣子，大概是提婆達多，或者是難陀罷？至於太子，大概不會真的參加比賽的吧？」

首先，善見王騎著由侍從人員牽引著的高大威猛的白象，出現場的中央，高聲宣布：「技藝超人者，即以吾女耶輸陀羅嫁與為妻。」

接著，在場地一頭的高牆上，出現一塊大布告，上面寫著斗大的字：

競技項目

（一）書藝
（二）算術
（三）跳躑
（四）箭術
（五）劍術
（六）馬術

同時公布了各項技藝比賽時的評判官，那都是當時各項目中最傑出的代表性人物。

然在太子的感受，總覺得這是一樁無大意味的事，所以在競技開始前，太子突然向善見王請教，能否讓他退出比賽者的陣容。他說：「我們的祖先建立了國家以來，為了國族的安全有保障，我們必須勤練武藝。練武藝的目的，應該不是為了得到一個尚未相愛的女性，來與其他的競爭者角力鬥狠。」

這是太子對於釋迦族的傳統習俗，提出了修正式的建議。然在其他絕對多數的人而言，是無法理解的事。於是大眾又起了一陣子的議論，認為太子臨場怯弱，所以找了藉口做為下台階。

舊風俗、古習慣，根深柢固，在無法避免的情形下，太子還是參加了競技比賽。

競技場上，高潮屢起，喧騰之聲，此起彼落，唯有耶輸陀羅，閉起了眼睛，虔誠地向帝釋天為太子的勝利而祈禱。悉達多太子雖是場中最受人矚目的一位，也是最被大家擔憂的一位，因為提婆達多和難陀等人，平常的成績均極優異，幾乎樣樣都是破了歷史紀錄的。悉達多太子，則是靜靜地坐著不動聲色，不知他是有著十二分的把握呢？還是早就準備著做棄權的打算？

但是，競賽的項目，沒有一樣能夠難住太子，比賽書藝之時，太子雖是最後一個上台，無論是書寫的速度、優美，以及文字的章法結構，連試幾種不同語言的古文及今文，都使得擔任評判官的大學者們，驚歎不已，也驚奇不已。再試算術的課目，普通的求婚者，能夠算到億字數位，已經是了不起的。太子的算術，卻是從億字數位算起，依次累進而為十億、千億、十萬億、千萬億；十兆、千兆、十萬兆、千萬兆；十京、千京、十萬京；千萬京；十垓、千垓、十萬垓、千萬垓；十秭、千秭、十萬秭、千萬秭；十壤、千壤、十萬壤、千萬壤；乃至十溝、千溝、十萬溝、千萬溝。這是天文學家也不常用的大數字，如是用這樣高深精微的數學計算法，就是須彌山的斤兩分釐毫末，也可算得出來；四大海水的每一個分子的總計，也可提供答案了；用來推算百千萬億的恆河沙數，也不是辦不到的事了。這使得當時擔任評判官的大算術家額瑞那，也覺得太子是一位不世出的天才算術家了。

不過，書藝及算術，是靜態的項目，對絕多數的觀眾，既然無法觀戰，也無從了解真相，大部分的群眾只是高興地情不自禁地說：「像太子這樣聰明的人，應該要得到冠軍的，這也是我們國家的幸福、全國人民的幸福。」

提婆達多卻在一邊，下著註解說：「慢著哩！誰勝誰敗，等著瞧吧！國家的強弱，要靠武藝的精粗來決定，我們剎帝利階級的民族，文藝高明，不算什麼，武功的優劣，才分高下。」

說著，提婆達多便登上了射術比賽的靶台。射擊的武器，當然是用弓箭，力大的用強弓硬箭，弓強弦緊，才射得遠，箭硬簇剛，才能穿透堅韌的標靶。箭靶有用木製或皮製，有用銅、鐵等金屬所製。所射的距離，也有遠近，最近的是一千弓的長度，最遠為五千弓。每一個標靶座後，均以兩箭箭身的距離相間，一直線地安置兩隻到十隻同樣的標靶，用以測驗射手的勁道，看他們一箭能夠射穿幾隻標靶。

大家都知道提婆達多的硬弓，是有名的，所以他現出一派狂傲而睥睨一切的態度。他果然不同於眾，從一千弓的距離，增加到一千五百弓，再到二千弓、三千弓，靶靶中的，起初穿透數靶，最後僅僅射中標靶，差一點箭簇沒有掉下。但僅如此，他已成了場中的英雄人物。觀眾們給他的歡呼及掌聲，已如海嘯雷震。

等待大家稍後安靜下來之時，悉達多太子安詳地走上了靶台，拿起提婆達多剛才所用的弓，挽了一下，便退下台來，走向善見王。他這一舉動，使得提婆達多暗喜，也使敬愛他的人們吃驚，認為他將要說：「棄權不參加比賽了。」

但他沒有使耶輸陀羅失望，他是向善見王請求給他一把像樣一點的弓。

「那裡不是準備著各式不同的良弓嗎？」善見王說。

「不，大王，那些只是兒童們當玩具用的貨色。」太子說得很誠懇。

善見王本身就是一位射術的高手，他的最高射程紀錄是四千弓的距離，所以把他自用的名弓借給太子。太子接過手，輕輕地挽牽一下，又還給了善見王，仍說：「這也好像是孩子們的玩具。」

「好了得！那麼派人把寶物殿上供在祖神之前的一把寶弓取來。那是你的高祖師子頰王，歷史上第一位射術大師所用，又硬、又重、又長，除他之外，尚無第二人敢於接觸它的傳國之寶，也是釋迦族的全族之寶。」善見王做夢也未想到，會有一位年輕人的箭術超過他。如今快要使他對悉達多太子由好感而起欽服之心了。

當太子把師子頰弓取到手裡之後，群眾的心裡都緊張得屏住了呼吸，因為太子真的把那面神弓，拉成了幾乎是滿月的形狀，然後「喤」的一聲，一枝箭射向了遙遠遙遠的前方，何止五千弓或一萬弓，根本那枝箭就像越出地平線而進入了無際的太空一樣，誰也不知它的著落點是在何處。

像這樣的事，包括善見王在內，沒有人不覺得，這是夢中才會發生的事。於是，以耶輸陀羅為首，甚至提婆達多等諸爭婚的對手們，也都來向太子報以敬慕佩服的辭句、表情、掌聲和歡呼。

接著是劍術和馬術，不用說，最後是悉達多太子獲得全勝。這一場空前熱烈的求婚競技大會，就在善見王向大眾宣布結果，並將一串瓔珞授與太子，以表示耶輸陀羅的終身所屬之時，又在一片薄海歡騰似的人聲中，結束了。

四

做為菩薩的眷屬，做為悉達多太子的妃子，太子的要求是，必須具備如下的資格和條件：

（一）年紀要輕，身有威儀，不因姿色秀麗而起慢心，不生嫉妒，不諂媚，不誑語。

（二）經常質樸誠實而有慈心，憐憫苦難的眾生如愛自己的兒子而好行惠施；雖然夢寐亦無邪心，經常不因有智而師心自譽；執意謙卑而不貪美味及欲樂。知慚愧，不害物。

（三）不皈一切外道邪師，心常依於真理的道理，身、口、意三業，恆常清淨。遠離昏沉和睡眠。所作皆善，不從思惟。經常不捨善行。

（四）承事翁姑，要如父母；愛護左右的人如同自己；睡在夫後，起在夫前。能解諸種義理。

以上四條要求，耶輸陀羅是具足了的，像有這種資格的女性，在一般家庭中實在不容易求得。許多人僅注意到耶輸陀羅的美麗聰慧，悉達多太子則更重視她的內在賢德。因為太子畢竟不是追求物欲享樂的人，而是生來就有厭離五欲傾向的人。所以，當他贏得了這場求婚的競賽而完成了與耶輸陀羅的婚約後，唱出了這樣一首歌：

欲過無限，
苦惱由此。
宮中樂事多，

常如住敵陣；
獨入林深處，
可住於禪定。

由此可見，得到愛妃的同時，他已萌起了出家修道的意念。

五

太子十九歲結婚後，在王宮又住了十年，十年的歲月，使他從人間現實生活景象的深入觀察之中，發覺了人生的虛幻和痛苦，眾生界的弱肉強食，人與人之間的自私自利與紛爭摩擦，各人自身的生、老、病、死等問題，使他覺得非要親身去出家修道，否則便無法幫助眾生以達成離苦得樂的目的了。

此時，耶輸陀羅已為太子懷著身孕，快要生產了。淨飯王給太子所設的欲樂享受愈來愈多，太子想要出家的意念則愈來愈強烈。終於在耶輸陀羅生了羅睺羅小王子以後不久，太子便趁著星夜，毅然越城出家去了。

這對迦毘羅衛城的宮中而言，是一樁比天塌下來還要嚴重的變故。當太子的馬童車匿，牽著太子的座騎，帶著太子平日穿著披掛的寶衣寶飾，回到王宮，報告國王說，太子已經削髮易裝出了家，一直向南方山林裡去了的消息，傳到耶輸陀羅的耳邊時，使她悲痛驚恐得幾乎大發癲狂，她毒罵馬童車匿，說他不該不報告她而送太子去山林出家；又責罵太子的馬，說牠不該不發一點聲息而偷偷地負著她的丈夫去出家。經車匿說明，不能責備他，也不該責怪馬的原委之後，耶輸陀羅躺在地上，號哭一陣，便訴說了她對於太子出家的感想和意見：

「我的聖主丈夫啊！我正努力著做一個妻子應該做的事哪，為何把我拋下了，一句話也不說就走了呢？我的丈夫啊！怎麼沒有聽說過去諸王欲入山林修道，也把妻兒隨身攜帶的事呢？那些國王，也沒有因此妨礙了修持而不得道呀！我的夫主啊！豈不知道——曾有些人與太太一同剃髮，出家修道，精勤苦行，並將所騎的好馬、寶飾、財物等，做大施捨，到未來世，兩人同得上妙果報的事嗎？你為什麼吝嗇，竟把我拋下，而獨自去修行了。難道你希望用修行功德來生到三十三天，享受天女與你共同生活的快樂嗎？」

耶輸陀羅乃是一位貞烈和堅強的女性，也是一位善解人意的女性。悉達多太子正因為她不是一位需要操心的女性，所以娶了她，又悄悄地離開了她。

當耶輸陀羅把胸中的氣悶發散之後，突如其來的衝擊感，漸漸地平息之後，她便理智地立下了這樣的誓願：

「從今日起，直到再見到太子那天為止，我不再睡原來的臥榻。不以香湯沐浴，不飾身，不磨身，不化妝，不穿著寶衣美服，不用寶石、香水，不以香油塗身，不戴花鬘瓔珞。舌不沾美味，不進美食，也不飲酒。不修飾頭髮。雖然，此身仍在宮中居住，我也要過住於山林一樣的苦行生活了。」

嗣後，太子在山中苦行六年，耶輸陀羅在宮中，也苦行了六年。這種聖潔的心行，正好就是她所說的與太子「一同剃髮」、「精勤苦行」的信仰，是吻合相應的聖者行為。

六

佛陀成道後，到處遊化，普度有緣，他的名聲，早已傳到迦毘羅衛城的釋迦王族的耳裡，以淨飯王為首，大家希望成佛之後的悉達多太子，回國來讓親族們供養一段日子。到了第五年，釋迦世尊終於率領著他的大批出家弟子們，應淨飯王的召請，回到了闊別十來年的祖國。

這時的悉達多，已不再是迦毘羅衛國的太子，他是全印度人民心目中的大宗教家，是圓滿究竟的大覺悟者，是人間天上的大導師，是大雄、大力、大慈、大悲、大智慧的最高人格的完成者。但是，他的生活，非常簡樸，雖然淨飯王給他準備了上好的衣食及住處，釋尊依然度著沿門托缽的乞士生活。淨飯王見了釋尊，頗不以為然地責問他說：「悉達多！你這樣做，不怕損壞了釋迦族的名譽嗎？至少大白天，不要去到處乞食才好。再說，你好像沒有想到，你的愛妃耶輸陀羅，及愛子羅睺羅，正在等你進宮去呢！悉達多，你的愛情，難道已變成石塊了嗎？」

「淨飯王！我早已不是悉達多了，我是佛陀，正像古印度所有偉大的聖者那樣，我已滅了私心，所想的是如何度脫眾生的苦惱。」釋尊微笑著回答。

在宮中等待著的耶輸陀羅，知道佛陀回國已有數日了，就是還沒有進宮看她們母子兩人。她有山那般多的話語，海那般深的委屈，希望伏在太子的跟前，抱住太子的膝蓋，哭訴一個痛快。可是，佛陀還沒有想到來探望她。

其實，釋尊這次回國的目的，是為了化度釋迦族的男女老少。他的一舉一動，都充滿了自然的攝化力，他智慧的談話，慈悲的心量，尤其他雖披著普通苦行僧一樣破舊雜色的袈裟，他的面容卻如滿月那樣地明朗和藹。他雖不像國王大臣那樣地發號施令而一呼百諾，他的一言一語，乃至每一個微小的動作，都能使人敬服信仰、和全心的皈依。所以，佛陀回國一共七天，除了為父王說法外，使其證到初果，還度了阿那律、難陀、提婆達多、優波離、羅睺羅等人，加入僧團，出了家。

至於羅睺羅隨佛出家的因緣，與其母耶輸陀羅極有關係。因為最後，釋尊進了王宮，見到了耶輸陀羅與羅睺羅，本來準備著千言萬語，要向太子傾訴的耶輸陀羅，一見到佛陀的威儀和慈祥的光明，就像雪花遇到了和煦的陽光，一下子就全部消融了。

她只是教羅睺羅對佛陀做了幾樣事：

（一）佛陀入宮應供之際，她教羅睺羅手持她自製的一枚大歡喜丸，送交釋尊，表示羅睺羅是佛陀的親子。

（二）釋迦正在入宮省親探望妻兒之時，耶輸陀羅先在樓上，遙見釋迦及諸比丘，即跪下頂禮，然後悲喜交集地飲泣不已。羅睺羅見她哭泣，問她何故，她便指使羅睺羅下樓去迎接父親，鑽入佛陀的懷裡。

（三）釋迦入王宮，應供並說法事畢，宣告離去之時，耶輸陀羅又教羅睺羅向父親索取遺產。

在短短的數小時內，耶輸陀羅指使羅睺羅連續地親近了三次父親，使一個從來沒有見過父親面的少年，很快地認識了父親，並且信賴了父親。所以，當羅睺羅跟著已走向宮外的釋迦，邊跟邊求著說：「父親！我一定要你給我東西，你恐怕再也不會回來了，請把父親一生的遺產給我吧！無論如何請父親給我好嗎？」

釋迦知道，這是耶輸陀羅安排的傑作，所以一邊伸出手來，牽著這位少年，一邊微笑著告訴他說：「羅睺羅，你想從我求取世上必定消滅的東西嗎？那是不可以的。讓我給你永遠不會亡失的東西吧！那是我在菩提樹下聚集到的財寶，是我可以永遠留給你的遺產。」

就是這樣，釋迦已將這位少年，帶離了耶輸陀羅，帶出了王宮，結果，便把他交給了釋尊座下智慧第一的大弟子舍利弗尊者，教育他如何出家修道，變成了釋尊教團中的第一名沙彌。

佛陀回到迦毘羅衛一趟，他的攝化力，像一陣龍捲風，受他的化度而隨他出家的青年達數百人。接著佛的姨母，摩訶婆闍波提夫人，也帶領了一大批釋迦族的女性，追隨佛陀出家去了；耶輸陀羅即是其中的一位，另外一位妃子瞿多彌，也出了家。由於她們精苦修行的結果，都證入了聖位，耶輸陀羅也以神通知名，最後她在佛陀之前入滅。

（一九七九年十一月二十三日於紐約禪中心）

佛的姨母

一

大愛道的印度話，叫作摩訶婆闍波提，但是她又叫作憍答彌，以中國話說，又叫作幻化與大世主。這都是翻譯的不同而有差別。她是佛陀的姨母，也是佛陀的養母，更是比丘尼的創始之祖。

在二千五百多年以前的印度，有著很多的國家，由很多的國王分別統治著。當時的師子頰王與善悟王，統治著兩個國家，他們一向很友好，並且早已有著姻親的關係。

師子頰王生有四個王子，最大的一個叫作淨飯，故被立為王位的繼承人。

在同一個年代之中，善悟王也生了兩個女兒，這兩個女兒，都是極其美麗的美女。因為生得太美了，當第一個女兒出世不久，便被宮裡所有的宮娥彩女，驚為天仙下凡，以為是神仙造作的，不是人間所生的，所以給她取名叫作幻化。但是，幻化雖已美得驚人，當她的妹妹出世的時候，卻比她更美，於是她的美名，被妹妹占了上風，大家便給她妹妹取名叫作大幻化。年齡雖然姊姊大，名字卻是妹妹大了。

當時，有好多精於看相的婆羅門，多來為她姊妹兩人看相，大家都說，這兩位公主，不但豔麗絕世，尤其富貴殊勝，相師們都一致認定：幻化當生貴子，將來要做力輪王；大幻化所生貴子，則更貴於幻化所生，將來要做轉輪聖王。

善悟王聽了相師們的預言之後，心裡自是高興非常。漸漸地，幻化與大幻化，已經長大成人了，善悟王為他自己的兩個女兒的終身大事想來想去，最後還是想到了師子頰王的淨飯太子，他想，自己的兩個女兒既然都有大富大貴的大好命運，並且可能生出力輪王與轉輪聖王來，如果把她們嫁給一向與自己友好的師子頰王做太子妃，當然是最最理想的事了。因此，他把他的意思以及他兩個女兒的好命運，派遣使臣，告訴了師子頰王。

這對師子頰王而言，的確是一大喜訊。於是很快地，兩個國家的宮廷裡，著手籌備喜事了。

因為大幻化的年齡雖然較小，容貌卻比幻化更美，命運也比幻化更好，所以首先迎娶了妹妹大幻化立為淨飯太子的第一妃子，再娶姊姊幻化，成為淨飯太子的第二妃子。

沒有幾年，師子頰王的年紀老了，終於駕崩，所以，淨飯太子繼承了王位。

接著，最偉大的局面開始了，最神聖的時代來臨了。淨飯王的第一夫人大幻化——後來大家稱她摩耶夫人，在她娘家善悟王的王家花園——藍毘尼園中的無憂樹下，生下悉達多太子。這是一個普天同慶的日子。由於悉達多太子的誕生，鼓舞了整個的印度社會，也為宇宙之間帶來了無限的幸運與無上的光輝，整個大千世界的天上與人間，從此便邁入了光明燦爛的境界。

很多有名的相師，皆來為悉達多太子看相，在他們的一生之中，從未見過像悉達多太子這樣殊勝的身相。自頭頂至腳底，具足三十二種大人之相，普通人能夠有了其中的一種，便可大富大貴，何況具足了三十二種。據他們的相法中說，凡是具足了三十二種大人之相的人，必定能做轉輪聖王；如果出家，便可證得無上的佛果。

淨飯王在興奮歡欣之中，又請了當時最最有名的五通仙人阿私陀，來為悉達多太子看相。沒想到阿私陀仙看了之後，竟然老淚縱橫地哭了起來。他這一哭，驚動了淨飯王，隨即問他：「難道說我這個孩子有著什麼不祥之相嗎？」

「不，他沒有絲毫的不祥之處，只是因為他的身相太好了，所以我為我自己感到悲哀。」

「這是什麼意思，請問大仙？」淨飯王非常懷疑。

「我是說：這個孩子，長大之後，必定會出家，必定會成佛；而我自己，卻沒有這份福氣親近佛陀了，我已是老得不久人世的人了。」阿私陀還在傷感地流著眼淚。

「我們不會讓他出家的，很多相師已說過，這個孩子，將會成為轉輪聖王。」淨飯王興致勃勃地說。

「唉！那是他們的無知，要知道，在此末劫的時代之中，是不會有輪王出世的，所以我知道他將來必定出家成佛。」阿私陀仙看完相說完話，便離開王宮，走出王城，又回到他的山上去了。

這一來，既使淨飯王高興，又使淨飯王擔憂。當然，他是絕不希望悉達多太子真的出家的；即使出家以後會成佛，在世俗親情的觀念之下，他也絕不希望。他所希望的，是能繼承他的王業，擴大他的王業範圍，乃至真如相師們所說的，成為轉輪聖王，以和平善聖的政治，統理四天下的世界與人民。

但是，不幸的事件發生了，大幻化摩耶夫人，誕生了悉達多太子的七天之後，便去世了，這對於悉達多來說，襁褓喪母，固然不幸，即使對於整個的王族而言，也是一大損失。

幸好，淨飯王的第二夫人幻化，她是摩耶夫人的姊姊，同時也生了一個孩子，身相也很殊勝，他叫難陀，他有三十種大人之相，僅比悉達多太子少了兩種，如果不出家，也能做到銀輪王，能夠統治三天下的世界與人民。這樣一來，撫育悉達多太子的責任，便由幻化夫人承擔起來了。她愛護自己所生的難陀王子，卻更愛護她妹妹所生的悉達多太子。她對悉達多太子的情感和用心，不像是姨母，更不像是後母，完全像一位親生的母親。雖然太子從小就很乖巧，就很聽話，就有過人的智慧，就有超人的體力，但是身為王子的母親，尤其是身為太子的保護人，其中的苦心，當可推想而知。

二

悉達多太子終於在幻化夫人大愛道的悉心撫育之下，漸漸地長大了。使得大愛道高興的是：她所撫育的太子和王子，並沒有使她失望，在王族裡有很多同樣年齡的許多王子，從小在一起遊戲玩樂，不論是比智慧也好，比武功也好，每次總是悉達多太子第一，難陀王子第二，另外一個最頑皮最搗蛋的提婆達多王子，他是淨飯王的姪兒，雖然事事想占先，但卻次次是第三。

但是，阿私陀仙的預言，終究應驗了。淨飯王唯恐太子真的出家，先後為太子娶了三個如花似玉的妃子；然而，終究阻止不了太子要出家的決心。到了二十九歲那一年，出遊了四個城門，發現了生、老、病、死的恐怖，覺察了一切眾生的痛苦之後，便想要找出一個方法來為一切眾生解脫痛苦了。因此，就在一個深夜之中，騎著一匹馬，帶了一個馬夫，悄悄地離開了王宮，並得天神的擁護，越出城牆，渡過城池，去出家了。

對於太子的關懷，除了淨飯王外，大愛道夫人便是最最親切和體貼的人了，所以，太子踰城出家，雖在夜裡，大愛道夫人卻依然得了一個奇怪的夢，夢見四種奇怪的景象：一是月蝕；二是東方日出，隨即不見；三是見有許多人來頂禮；四是見到自己或笑或哭。當她知道太子已經悄然出家之後，才明白這個怪夢，是應在太子身上的，雖然還是不解夢的真意。

悉達多太子出家之後，一去就是六年多，在這時間之中，大愛道自然是常掛念著，尤其聽到太子在雪山苦行的消息之後，聽說太子已經瘦得像一把枯柴，憔悴得像一個八十歲的老人時，自淨飯王以下，宮裡所有的人，都傷心落淚，這對於大愛道，自也是極其心疼的事。

好在佛陀成道的消息，傳回到宮裡了。過了不久，又聽說佛陀要回來跟大家見見面了。於是王宮裡又掀起一陣興奮與歡欣的熱潮。

佛陀的回宮，雖然沒有因此常住下來，並且也沒有在宮裡住下一夜。但是，佛陀的一舉一動，卻都給大家留下了一個清新而莊嚴的印象，特別是佛陀的言談開示，更使大家產生了一種超脫的感覺。所以很多人，連淨飯王在內，都皈依了三寶，證得預流果；淨飯王並還勸令王族的許多子弟，跟隨佛陀出了家。這些情景，都看在大愛道的眼裡，聽在大愛道的耳裡，也記在大愛道的心裡。她想：太子出家了，也真的成佛了，許多王族的子弟們也都跟著出家了，她自己所生的難陀王子，也被度去出家了。佛法既然這樣好，出家既然這樣好，男人可以出家修道，女人是否也能出家修道呢？

這個念頭，在大愛道的心裡盤旋了很久，終於她也下定了決心，並向宮內的婦女們宣布了她的決心，她決心要隨佛出家去了。

事實上，宮裡的婦女們，也早有了這樣的希望，只是身為宮女，沒有自由，不敢說出口來，既經大愛道一宣布，大家也就隨著大愛道的行動而行動了。這一風聲傳出之後，許多的王族婦女們，也來跟隨大愛道了。這是釋迦族空前絕後的一次婦女出家運動，也是佛教史上空前絕後的一次婦女出家運動，跟隨大愛道集體出家的婦女，竟有五百人之多。

但是，佛陀自從回到祖國迦毘羅衛城的王宮，度走了大批的青年王子之後，為了不使已經出家的王族子弟，再受俗情的牽累，故很少再回到祖國來。

等了很多年，佛陀終於又回到祖國來了，這對於大愛道來說，實在是一個最好的機會。當她聽說佛陀又回國了，並且就住在城外的多根樹園，她以為她的願望可以實現了，便帶了五百個婦女，到多根樹園去禮見佛陀。首先請佛陀向她們宣說佛法的道理，然後便由大愛道領導著全體的婦女，向佛陀合掌懇求，她們使用很技巧的話說：「大德世尊啊！有沒有女人在佛教中出家的呢？有沒有女人在佛教中出家之後，也能堅修清淨梵行，證到四種沙門聖果的呢？」

佛陀是無所不知無所不覺的一切智人，對於大愛道的用意，是早就明白了的，所以也就直接了當地回答道：「妳們要問這些事嗎？不過我要告訴妳們，大愛道，妳們可以穿著在家的服裝，修學佛法的清淨梵行，若能做到純淨圓滿無垢無染的程度，同樣可以得到無上的利益安樂。」

「大德世尊啊！懇求慈悲吧！也讓我們婦女們出家吧！」大愛道再次三番地向佛陀懇求，佛陀的回答，卻是同樣地勸她們在家修行。這使她非常傷心，但是佛陀的威德，使她不敢繼續懇求，只好恭恭敬敬地禮辭了佛陀，怏怏然地重新回到宮中去。

可是，佛陀的不允所請，雖使她很傷心，但卻毫不灰心，也不退心，相反地，她竟號召跟隨她的婦女們，採取了進一步的行動，自動地剃除了各人的秀髮，自動地披著了壞色的袈裟，一切辦妥之後，再度去晉見佛陀。

然而，當她們趕到多根樹園時，佛陀以及諸大比丘弟子們，已在先一天離此他去了！大愛道在無可奈何之下，只好率領著五百個婦女，沿著佛陀所經過路線，隨後跟了前去，但她們與佛陀之間的距離，始終隔著一天的路程。

終於佛陀在一處名叫相思林的地方，暫停了一天，而讓她們趕上了。

王族的婦女們，一向居在深宮中，從未有過長程的跋涉，從未吃過這樣的辛苦，在路上，晝行夜宿，餐風沐雨，日曬夜露，沒有定時定量的飲食，也沒有足夠的休息和睡眠。好天時，漫天是飛揚的塵土；陰雨時，滿路是骯髒的泥濘。走了好幾天，她們的腳上都起了水泡，她們的身上也增了一層塵垢的殼，當她們趕上佛陀，禮見佛陀的時候，已是疲憊不堪，已像一尊尊泥塑的人了。

佛陀見她們這樣辛苦，這樣虔誠地趕到了，便給她們安慰了幾句，並且依照慣例，給她們說了一些佛法。這對於她們是非常欣喜的事，她們以為佛陀既然這樣慈悲地安慰了她們，一定已被她們的行動所感動了，這一下一定會准許她們出家了。故在聞法之後，大愛道又領導全體婦女，禮佛合掌，懇切哀求，如前次一般，請示佛陀道：「大德世尊啊！有沒有女人在佛教中出家的呢？有沒有女人在佛教中出家之後，也能堅修清淨梵行，證到四種沙門聖果的呢？」

想不到，佛陀雖已看到她們，都已剃了光頭，披了袈裟，但卻並未改變最初的原則，佛陀說：「妳們要問這些事嗎？不過我可告訴妳們，大愛道，妳們可以剃除頭髮，披著縵條無縫袈裟，在家乃至盡形壽，堅修清淨梵行，若能做到純淨圓滿無垢無染的程度，同樣可以得到無上的利益安樂。」

大愛道又做了如上同樣地再三懇求，佛陀還是不承認她們出家的要求。

現在，大愛道感到失望了，感到無以告求了，感到空虛、惆悵，無以自抑、無以訴說的悲哀，她離開了佛陀，茫茫然地站在門外，痛哭流淚！

此時，佛陀的侍者，阿難尊者，適巧從門外進來，見到佛的姨母，站在佛陀的門外，正在悲傷地哭泣。阿難尊者心腸最軟，但他尚未證到阿羅漢果，他對佛陀的心思，更是莫測高深，但是擺在眼前的事實，使他非常同情。他近前去問明了大愛道哭泣的原因，便對她說：「憍答彌，妳且不要傷心。妳等一會，讓我去為妳們再向佛陀請求一下試試看。」

阿難尊者非常尊敬佛陀，佛陀也特別愛護阿難尊者，他經常隨侍在佛陀的左右，所以說話比較方便，尤其他想到大愛道是佛陀的姨母，在撫育佛陀的恩情上說，也等於是佛陀的母親，所以他想，佛陀應該允許大愛道出家的要求。但他頂禮了佛陀之後，也是用技巧的方法向佛陀請示：「世尊，我想請示一個問題：有沒有女人在佛教中出家呢？有沒有女人在佛教中出家之後，也能堅修清淨梵行，證到四種沙門聖果呢？」

佛陀知道阿難尊者問話的用心，是為了替大愛道求情，但佛陀還是照實告知他說：「是的，有的，在過去諸佛的時代，都有四眾弟子，那就是男人出家為比丘，女人出家為比丘尼，男人女人，在佛法中出家，如法修行，都可以證到四種沙門聖果，從初果預流到四果離欲的阿羅漢，男女一律平等。至於在家學佛的男女，便是優婆塞與優婆夷，如法修行，除了不得阿羅漢果，都可以證到三種聖果，從初果預流到三果不還，男女也是平等。」

阿難尊者靜靜地聽完佛陀的開示之後，接著便說：「既然如此的話，世尊是不是也可以准許女人出家呢？」

佛陀聽了阿難尊者的請求，顯得非常嚴肅，佛陀說：「阿難！你不要多管閒事，你不要替女人請求在我的佛教中出家，你不要為佛教製造不幸的命運。

你要知道，如果允許女人出家，我的佛法，便不能久住於世，正法住世的時間，便要減少五百年。許可女人出家之後，想出家的女人必然很多。譬如一個人家，男少女多，這個人家一定不會興旺，一定難防盜賊的偷劫與損害；所以女人出家，破壞正法，也是如此。阿難！又像種田人家，苗長穀熟之際，忽被狂風所吹，冰雹所打，損失必定慘重；女人出家，對於正法而言，也是如此地不利。阿難！再像甘蔗園田，即將成熟之時，突然遭受到病蟲的侵蝕，收成一定很差；女人出家，對於正法而言，也有同樣的不幸。所以，你不要為女人求情。」

「是的，世尊。」阿難尊者又接著奉勸佛陀道：「女人出家雖然對正法不利，但是，大愛道是世尊的大恩人，佛母命終之後，全由大愛道來撫養乳育世尊的，念在這份母子的恩情上，難道就不該度她出家嗎？」

「阿難！你的話不錯。」佛陀又繼續說下去：「大愛道對我，的確恩重如山；但是，我也並非不知報恩，為了整個佛法的命運，為使正法住世的時間更久，為使能有更長的過程接引更多的眾生來信佛學佛，而走上解脫之道，所以我不能循了個人的私情，而放棄更多的眾生。同時，以我佛法的角度來說，無有不報父母之恩的道理。若以凡夫而言，為人子女者，雖擔父母置於兩肩，經過百年，不生疲倦，亦未能報大恩。所以在佛法說，最要緊地，是使父母信仰佛教，得見四諦真道，走上解脫生死之途，此實非同單供養衣食者可比。但是，我已使得大愛道在聞法之中，得知三寶，皈依了三寶，受了五戒，明白了苦、集、滅、道的四聖諦理，已經證到了初果預流，她將必定解脫，所以我已報過大恩了。」

「是的，世尊。」阿難尊者雖然聽了佛陀一番開示之後，覺得佛陀拒絕女人出家是很有道理的；但他一想到大愛道尚在門外哭泣，尚在門外等待他的好消息時，他又不禁鼓足勇氣，向佛陀再三懇求了，他說：「根據佛陀的開示，過去諸佛，都有四眾弟子，故願世尊也同過去諸佛一樣，准許女人出家；女人出家，受了比丘尼戒，既然也能同比丘一樣，最高可以證到阿羅漢果，故願世尊也給她們一個即身證得四果的機會。」

佛陀不是不許女人出家，更不是輕視女性，只是為了佛教的前途著想。現在，既經自己最愛護的侍者，為之再三懇求，也就只好答應了。但為挽救佛教的不致快速地衰微，不得已，便為出家的女性，特制了八條規定，稱為「八不可違法」，亦稱為「八敬法」。佛陀命阿難尊者轉告大愛道，如能遵守八條規定，她們便算比丘尼。佛陀不要女人親自到佛前剃度；佛陀為防外人的譏嫌，不使比丘度女人出家，佛陀也不親自度女人出家，而使大愛道等五百婦女，依八敬法而得度出家。

比丘尼八敬法的內容是這樣的：

（一）百夏比丘尼，要禮初夏比丘足。

（二）不罵比丘。

（三）比丘尼不得舉比丘過，比丘得舉比丘尼過。

（四）比丘尼受具足，須在二部僧伽中受（先於十人尼僧伽中受戒，再求十人比丘僧伽為之作證）。

（五）比丘尼犯僧殘罪，應在二部僧伽中懺除。

（六）每半月須求比丘教誡。

（七）不同比丘住一處安居，也不得遠離比丘住處太遠安居（為便於請求教誡故）。

（八）安居圓滿，應求比丘為比丘尼作「見、聞、疑」罪的三種自恣（根據所見所聞所疑的犯戒事實舉罪）。

阿難尊者很高興地，立即將此「八不可違法」轉知大愛道。大愛道聽完之後，在滿心歡喜，頂戴受持，依教奉行之下，仍提出了一個要求，她說：「大悲世尊所制的八條規定之中，關於百夏比丘尼要禮初夏比丘足的要求，我有一些疑問：世尊不是常說平等平等的嗎？」

阿難尊者又將大愛道的意思去請示佛陀，佛陀說：「我這八條規定，是為維護佛法而制，也是為了愛護比丘尼而制，使比丘尼們依比丘為師而導，比丘尼才不致沒有保障，才不致沒有教育，才不致形成驕慢，而變成腐化，而腐蝕了佛的正法。」

從此，釋迦如來的佛教之中，有了比丘尼了，具足了四眾弟子了。

從此，凡是女人求佛剃度，佛陀便令大愛道為之接引；若有女人向佛的諸大比丘弟子求度出家，他們也介紹去給大愛道為之剃度。佛未允許男眾直接剃度女眾，佛陀以及佛陀時代的所有比丘，也沒有一個曾經剃度過女眾；比丘尼眾之中神通第一的蓮華色比丘尼，雖由目犍連尊者的教化而發心出家，但她出家的親教師，仍是大愛道。

不過，除了最初出家的五百位比丘尼外，以後的女性出家，均須在二部僧伽中以羯磨法受戒了。從此之後，大愛道比丘尼的責任更加重大了，她自己敬佛、奉法與禮僧，也要領導並教育著所有的女性出家人，都能敬佛、奉法與禮僧。佛陀以及比丘大德們，不會直接管理乃至過問尼眾的生活，比丘大德的教誡比丘尼，也僅每月兩次。所以比丘僧團的統理，是以佛陀為中心，比丘尼僧團的統理，原則上雖然也以佛陀為中心，實際上則以大愛道比丘尼為依準。她既為婦女們爭取了得以出家的機會，也為出家的尼眾樹立了最好的榜樣。她兢兢業業，唯恐由於婦女的出家，而損害了佛的正法，所以她出家之後，除了領導尼眾的僧團，也從不輕易放棄親近佛陀的機會，凡是近佛而住的時日，每天總要去禮敬一次佛陀的慈容。以往，她是淨飯王最最賢慧的王妃，她是太子最最慈祥的姨母；現在，她是佛陀座下最最受教的比丘尼弟子，她是尼眾僧團中最最理想的領袖。除了摩耶夫人，她是世間最最完美的女性，也是世間最最偉大的女性。

三

很快地，大愛道比丘尼，已經垂垂老矣，她自己已經達到了出家人的最高目的——證得了阿羅漢果，她已為尼眾的僧團，樹立了良好的基礎，她現在已是一百二十歲的老年人。她想她對自己的這一生，可以交代了。

有一天，佛陀又回祖國，住在迦毘羅衛城的多根樹園，大愛道比丘尼率領著跟她同時出家的五百位比丘尼——她們這時，個個都是「我生已盡，梵行已立，所作已辦，不受後有」的阿羅漢了，她們的年齡，已跟大愛道差不多地老了，所以她們有著一個共同的念頭：她們對自己的這一人生，可以做一交代了。

她們進了多根樹園，禮了佛陀的雙足，聽了佛陀的一番開示之後，大愛道便向佛陀說明她的來意，並向佛陀請示：「世尊，我現在希望入涅槃了，不知是否可以？」一連說了三遍，佛陀都是默然聽受。說到第四遍時，佛陀才問：

「妳是為了涅槃而來說這話的嗎？」

「是的，世尊！我是為了涅槃而來說這話的。」

「既是如此，我還有什麼話好說呢？諸行無常，悉皆如是。所謂：『積聚皆消散，崇高必墮落，合會終別離，有命咸歸死。』人命是有限的，要使此一血肉之軀的永生不死，那是不可能的，好在妳已在生死之中得到了解脫。妳要涅槃，我還有什麼話好說的呢？」

於是，與大愛道同時出家的五百位大比丘尼，也向佛陀請示，也得到了佛陀的印可。

這是她們此一充滿了光輝的人生的最後境界，所以對於佛陀的印可，對於即將入涅槃的一種喜悅是難以形容的。

因此，她們禮謝了佛陀，告別了佛陀，又到阿難尊者處，感恩謝禮，殷殷告辭，接著又到諸位上座長老比丘處所，一一禮謝，一一告辭。

但是，大愛道對於年輕一輩的女性出家人，總還有些放心不下，故於告辭了佛陀，及諸上座長老比丘之後，回到尼寺，又舉行七天的法會，為諸比丘尼、式叉摩尼、沙彌尼，演說妙法，再三囑咐。在這七天的法會之中，使得所有的聽眾，均霑無上的法益，證得殊勝的妙理。這是她與她的尼眾弟子們給的最後法緣，她的責任，也就到此為止了。

七天法會之後，大愛道還現了一次神通，她從來不現神通，即將涅槃之際，為使眾生生起信心，所以，大愛道現神通，其餘的五百位大比丘尼，也各各現其神通，各各以其殊勝的定力，隨念所至，當下隱身不見，即於東方，上升虛空，現四威儀，空中行、空中坐、空中立、空中臥；又入火光定，即於身內，放種種光，青、黃、赤、白等，一時出現；又於身上出火，身下出水；身下出火，身上出水。南西北方，亦皆如是，現其神通。

現了神通之後，遂入禪定，從初定至非想非非想處定，又從非想非非想處定，漸次向下而至初定，即於初定而入涅槃。

大愛道比丘尼的涅槃，乃是一件驚天動地的大事，當其涅槃之時，大地震動，光明朗照，虛空中諸天的感歎之聲，如鼓如雷。

因此，散居各處的諸大聖者、諸阿羅漢，都被震動了，都知道大愛道已經涅槃了。國王大臣，長者居士，也都知道了。

因此，大家都拿了上等的香木，前往大愛道的涅槃之處，恭敬焚燒，供養舍利。其中有阿若憍陳如、舍利弗、大目犍連、阿尼盧陀等的諸大長老比丘；又有波斯匿王、琉璃太子，及諸大臣並諸眷屬；還有給孤獨與仙授等的諸大長者，有毘舍佉母及其諸眷屬，以及近鄰諸國的國王大臣與國大夫人，全都來了。

最難得地，要算大愛道移靈送化的偉大行列了。

在前面，波斯匿王將種種寶衣嚴飾之具，盛裝五百乘輿，並持種種香花，以及寶幢、寶幡、寶蓋，及諸樂隊，羅列引導。

在左右，尊者阿難陀、尊者難陀、尊者阿尼盧陀、尊者羅睺羅，抬舉大愛道的靈輿，緩步而行。

大悲世尊，亦以右手扶持大愛道的靈輿，緩步而行。其餘的諸大比丘，則各各分別抬著諸大比丘尼的靈輿，緩步隨從。

到達荼毘場所，那是一個非常平正，非常遼闊，非常空閒，非常清淨，而又非常莊嚴，非常寂靜的地方。世尊為使大眾，得睹大愛道與五百大比丘尼的最後遺容，並使大眾深生敬信，得大利益，便將蓋在大愛道及五百大比丘尼面上的寶衣，親手揭開，同時提醒在場的大眾：「你們看到了嗎？大愛道憍答彌以及這些五百大比丘尼，她們都是一百二十歲左右的人了，但她們的面相與體態，現時看來，豈不還像十六、七歲的少女那樣嗎？這是不可思議的事，但也不是沒有原因的事！我告訴你們，這是她們在過去世中所種的善根，她們曾在迦葉佛的時代，集體供養了佛的舍利塔，所以能在我法之中，集體出家、得道，並且有此不老的殊勝妙相。所以你們也該敬佛聞法，廣修供養。」

大愛道是釋迦如來教中的第一個比丘尼，她是為法最誠，吃苦最多的比丘尼；但她也是給佛教所做貢獻最多的一位比丘尼，更是接受了最大光榮的一位比丘尼。唯願今日的尼眾姊妹們好自為之。大愛道比丘尼，因為能夠絕對地敬佛奉法與禮敬大比丘僧，所以也能受到佛的加護，證到法的實益，得到比丘長老們的關切。今日的尼眾姊妹們，相信也會如此學習的，是嗎？

（此稿係根據律部編寫而成，內容絕不違背原部，文字則出於編製，故其雖係歷史故事，卻不必字字視為正史的考訂）

蓮華色尼

一

有一次，釋迦世尊在王舍城的竹林精舍，為大眾說了這樣的一則故事：

在過去，有一位很有地位，也很有財富的商人，娶了一位年輕貌美的妻子，過著美滿的生活，夫唱婦隨，恩愛非常。

但是，農夫不能不事耕作，做官的不能不辦公事，工人不能不去做工，身為一個貿易商的商人，自也不能永遠陪伴著他的妻子。

終於，商業的經營，迫使那個新婚的商人，離開了他的妻子。雖在臨行之時，再三地安慰妻子，說他此去，一定早去早歸，而且路程也不算太遠。然當出門之後，由於交通不便，竟像是隻斷了線的風箏，去了很久很久，連一絲消息也沒有帶回家來。

他的妻子，苦苦地守著、盼著、熬著深閨的寂寞，一日、兩日、一月、兩月、一年、兩年……，都在枯燥煩悶的時日中度過了。

一個年輕的少婦，單獨地留在家裡，本是一件危險的事，何況這個少婦，乃是一個禁不起寂寞的人，尤其當她回憶到新婚期間的夫婦生活，那種心靈及肉體的歡樂之時，她的生理機能，便會產生一種強烈的反應，好像是被推進了火坑，使得她往往血管暴脹，經脈收縮，難受得喘不過氣來！可是，她除了怨恨自己的命苦之外，並不曾做出不名譽的事來。

最糟糕地，就在她家的附近，便是個專以淫業為生的女人住著，在那裡來來往往，進進出出的，多半是些年少英俊的男人，那些嬉笑淫蕩的聲音，也不時由空氣中傳播過來，傳進了她的耳鼓，扣動著她那寂寞的芳心。

有一天，她正在家裡，待著納悶，卻來了一個年老的婦人，她們是早就認識了的。老婦人見她的表情，便知有著什麼心事，所以打開話匣子，希望安慰她幾句，她便問道：「妳有什麼事需要我幫助的嗎？」

「沒有什麼，謝謝妳！」那個少婦很想說出心中的感觸，但終礙於羞澀，沒有說出口來。

「我想妳一定有困難的，不必客氣，告訴我好了。」

「真的沒有什麼。」那少婦想了一想，終究想著了她所要說的話了：「不瞞妳說，我是一個苦命的女人，我真希望有一個什麼好方法，使我能夠有求必應，稱心滿意。」

「關於求願的事，我是聽說過很多了。」老婦人繼續說道：「因為我是佛教徒，現世無佛，但有一位獨覺聖者，經常行化人間，若能遇見了，給他飯食以及種種物品的恭敬供養，妳就可以求什麼得什麼了。」

很巧地，那位獨覺聖者，不多幾日，竟然讓那少婦見到了，並且如法地為那獨覺聖者修了種種供養。獨覺聖者是重於身教的，故在受供之後，並不說法，乃以種種神通的變化，使得施主發起敬心，深種善根。當他現了神通之後，又問那少婦道：「妳要求取什麼嗎？」

那個少婦立即五體投地，伏地哀求，她以為她是因為相貌不美而被丈夫遺棄了，所以她的願望是：「以此供養獨覺聖者的福力，願於來世，得一端正莊嚴之身，像青蓮華一樣地色香具足。嬌豔動人，隨念所求，男子不缺；乃至也像獨覺聖者一樣地得大神通，並能遭遇大善知識，大師佛陀，親自承事供養。」當她求願完畢，抬頭看時，那位獨覺聖者，已經去得不見踪影了。

因她的所求，是在來世，所以由於她的業報所致，她的那位商人丈夫，始終沒有回來。於是，她雖堅守著貞操，沒有改嫁，她的心理卻趨於反常了。因她自己得不到美滿的夫婦生活，她就專門為他人作媒，乃至使得他人不分父女、母子、兄妹、姊弟等，亦能達成通姦的目的。

釋迦世尊說到這裡，便明白地告訴大眾說：「這就是過去生中的蓮華色比丘尼，她的所願所求，所作所為，都在今生感到了應得的果報。」

二

在釋迦世尊的時代，有個叫作得叉尸羅城的城內，有一個很有名望的長者（紳士），結婚不到一年，他的太太便為他生了一個女孩子。這個女孩，與眾不同，她的身相是一般女孩所沒有的：一生下來，就可看到她的皮膚細膩滑嫩得像新開的蓮花花瓣，她的膚色，透明澄澈地像一層薄膜蓋在她那粉嫩紅潤的身上，初看上去，真像是一朵剛從天池中出水盛開的優缽羅華；她的身體，在冰清玉潔之中，還射出一種金黃色的光彩；她的眼睛是紺青色的；最難得地，從她生下之後，即能於身上自然散發出一種奇異的香氣，芬芳馥郁，如同蓮花。

這種奇蹟，雖在當時印度，也是很少見聞的。因此，在不多幾天之中，由傳聞而來訪見的，就有很多人了。特別是她家的親戚朋友，也都因為她的身相的奇蹟，而分享到一分殊勝的榮耀。

在印度的當時，凡是新生的孩子，過了三七二十一天，必須大邀親友鄰里，集會慶祝，那便是很隆重的命名典禮。很自然地，因這女孩的身相，金黃的光彩如蓮華蕊，紺青的眼睛如蓮華葉，白淨透紅的皮膚如蓮華瓣，散發的香氣如蓮華味。於是她的芳名就被大家決定，叫作「蓮華色」了。

漸漸地，蓮華色慢慢長大了。印度的女人，發育得很早，十歲左右的女孩子，已是長得非常成熟了。蓮華色的美名，既已四播，前來求婚的，當然很多，終於她在各種因緣的安排下，嫁給了本城另外一位長者的兒子。這是一樁門當戶對的親事。

不久，蓮華色的父親，因病去世了，留下她的母親一人，在家裡寂寞地守寡。適巧，蓮華色出嫁以來，已經懷了孕，並且快要生產了；印度的風俗，女子生產，都要回到娘家去臨盆。於是她與她的丈夫，便回到了她的娘家，陪著新寡而尚年輕的母親，等待著嬰兒的出世。

不久，蓮華色生產了，那是一個女孩，相貌也有點像蓮華色，所以很高興。

然而，不幸的醜事，竟被蓮華色在偶然的機會中撞見了。她看見她的丈夫正與她的寡婦母親，親親熱熱地睡在一起。顯然地，那已不像是岳母、女婿的關係了，她的母親已經分享了她的丈夫，她的丈夫也已占有了她的母親。

此時，蓮華色的內心，是恨、是怒、是怨、是愁、是感恩、是痛苦，百感交集。她敬愛她的母親，也敬愛她的丈夫，但是，她所愛的人，竟背著她做了使她無法忍受的醜事。以她的心意，真想闖進母親的房去，將那無恥的男女，雙雙捉住；然而，她能了解她母親的寡居生活，對於年輕喪夫的母親，她是非常同情；也能了解她丈夫的需要，當她在產前、產後的一段時日之中，使她未能履行妻子的義務。所以，她的母親與丈夫的相誘成姦，她既感到極度地厭惡，但也覺得那是值得同情的一對，因此，她做了自我犧牲的決定，為了成全她的母親，她只有棄家出走了。

不過她仍希望她的丈夫，能夠明白她要出走的動機。等她的丈夫走出她母親的房間之後，她便忿怒地抱起剛生不久的女嬰，扔給她的丈夫，並且教訓他說：「你這個畜生不如的無賴漢，既然無長無少，如今，你的女兒在這裡，也拿去發洩你的獸欲吧！」

做了錯事的人，總是心慌意亂的，她的丈夫在慌張失措之際，並未接住那個女嬰，致使女嬰的後腦部，撞在一橛木塊上，破了皮，流了血。母愛的天性，雖使她將這情景深深地留在記憶中，當時那忿怒的情緒，卻不得不使她毅然不顧地奔出了家門。

現在的蓮華色，已是一個無家可歸的苦命女人了，離了母親的家，自也不願再去丈夫的家。她想：她既決心出走，就該走得遠些，離開她的家鄉得叉尸羅城，到遠方去另謀生路。

事實上，她終究是一個女人，一個從未單獨出過遠門的女人，當時的印度，交通很不便利，從一城到一城，往往要步行好幾天，乃至好幾十天，路上行人很少，可資歇腳宿夜的村落則更少，商人來往，都得結伴而行，否則遇上了翦徑的盜匪，那是不堪設想的；何況蓮華色又是一個單身的少婦。因此，當她向城外走了一程，便在水邊的一棵大樹下面坐了下來，不敢再向前行了。她坐下之後，回憶著剛才所見醜惡的一幕，再想著這未來茫茫的前途，不禁悲從中來，放聲哭泣起來。在哭泣之際，偶自見到她那投在水中的倒影，一個滿面淚痕，愁眉緊鎖的美婦人，很像一朵盛開的蓮華，卻又像是遭受了暴風雨摧殘的蓮華。紅顏薄命，活著無味，所以她在考慮是否應該跳下水去，來結束她的生命。

正在這時，她的救星到了，一隊商人剛好經過那裡，商隊的主人，連忙走近前去，很關心而又很同情地問她：「妳這位姊妹，有什麼困難的事嗎？」

「沒有，只是我不想活了。」

「為什麼呢？我能幫助妳嗎？」

「不為什麼，你不能幫助我的。」

「妳沒有家嗎？」

「有的，但我不要那個家了。」
「妳有父母及丈夫嗎？」
「有的，但是父親死了，母親卻把我的丈夫占有了。」
「原來如此。」那位商隊的主人，見她相貌很美，愛憐之念，油然而生，所以他說：「我現在要回到波羅捺城去，我家就在那裡，當我太太去世以後，家裡人手很少，如果妳願意的話，先到我家住住再說。」
於是，蓮華色到了波羅捺城的這位商主長者家裡，並由客人而變成了正式的女主人，使她有了第二次的歸宿。
商人的生活，總是居家的時間少，外出的日子多，蓮華色的商人丈夫，在家過了幾年之後，又辦了很多的貨物，要去得叉尸羅城販賣了。蓮華色對她家鄉的風氣，非常熟悉，那裡什麼都好，就是女人的貞操觀念太差，故對她丈夫再去她的家鄉經商，感到很不放心，所以再三勸她丈夫，提高警覺，保證自己，不要上了那些邪惡女人的當。她的丈夫，自是滿口答應，並且向她發誓：除了她這樣的女人，再也不會愛上其他的女人了。
其實，男人的嘴，在女人面前多半是不可靠的，為了博取女人的歡心，希望女人奉獻出她們的愛情，男人可以把好話說盡，可以表示將自己的尊嚴，降到最低的限度，乃至願做女人的牛馬走狗。並且信誓重重，只愛當前的一個女人，這個女人便是天女下凡，其他的女人都是黃面糟糠。但他們到了另一個環境，遇到了另一個可愛的女人，他們又會以同樣的態度去博取那個女人的歡心與信心了。

蓮華色的丈夫，到了得叉尸羅城，由於商業的需要，一住就是好多年。商人們在冒險性的經營中賺了錢，往往又在刺激性的生活下求樂趣；刺激性的生活，往往又不外是醇酒美人與賭博。蓮華色的丈夫，為了真心表示深愛蓮華色的美貌與賢淑，為了守持他對蓮華色的保證與信諾，故在最初的時日中，他確實是規矩的，但在許多朋友慫恿之下，終於半開玩笑似地說出了他的條件，他說：「我只愛蓮華色那樣的女人，我也曾向蓮華色表明過這樣的態度，如果能有女人像蓮華色那樣的，我才喜歡她。」

這也是非常巧的，那天正好是得叉尸羅城的少女節，全城所有的少女，個個打扮得花枝招展似地，在一處聚會遊戲，蓮華色的丈夫及一些商人朋友，也都前去看熱鬧、看女人，看少女們慶祝自己的節日。但被他們發現了一個少女，幾乎長得與蓮華色完全一樣，那些商人朋友，竟在短短的時間之內，探聽到那個少女的姓名、年齡、籍貫，並且求得了她父親的同意，付了所需的索價，辦妥了一切婚嫁的手續，蓮華色的丈夫便在半推半就的心境下，與那個少女共同生活在一起了。

不久，蓮華色的丈夫，帶著新婚的第二個太太，回到了波羅捺城，但他不敢把她帶回自己的家，恐怕蓮華色生氣，只好另闢新居，金屋藏嬌，並將他所有財物的一半，分置新居之內，另一半則拿回原來的老家。蓮華色問起他經商的情形，他卻推說：「這次倒楣，在回程中遇到了土匪，搶去了一半的貨物。」

「那沒有關係。」蓮華色還安慰他說：「只要你能平安地回來了就好。」「不過我一定要報告官府，我要追尋那些土匪，我要追還那一半被劫的貨物。」聽她丈夫的語氣，好像真的遭遇了土匪。

從此以後，蓮華色的丈夫，往往一出門就是好幾天，即使回家，白天到家，夜晚又走了，蓮華色問他時，他總是說正忙著追尋土匪的行踪。蓮華色雖然心中懷疑，但她是個賢淑的妻子，從未向她丈夫提到她所懷疑的事。可是有一天，有一個客人來訪她的丈夫，她回說，她的丈夫去尋土匪了。那個客人深受她這一番愚誠的感動，便以同情的口吻告訴她說：「事到如今，妳仍被妳先生矇在鼓裡。我不想為你們的家庭帶來不和的氣氛，但我覺得妳的先生也太對不起妳了；再說，老是這樣騙妳，也不是終究的辦法。我現在告訴妳吧！妳的先生並無土匪可以追尋的，他實在是去追尋他那新婚妻子的愛情了。」

過了幾天，她的丈夫回來了，並且捏造了一些追尋土匪的事故，向蓮華色訴說，似乎還要他的妻子安慰他幾句才好。但是，蓮華色卻以開門見山而又寬宏大量的態度向他說道：「你的辛苦我是知道的，但你既然有了新人，為什麼不帶回家來呢？一個人負責兩個家庭的開支，實在是很吃力的事。」

她的丈夫本還想推說沒有這樁事的，但他想起了蓮華色的賢淑，又看出她的態度是如此地懇切，所以只好承認了，並以悔罪的口吻，請蓮華色原諒，他說：「我唯恐大、小兩個太太在一起，容易發生摩擦，所以始終欺騙著妳。」

「不會的，我相信我能容忍得下的。如果她的年紀與我不相上下，我就把她當作姊妹看待；要是比我小了十來歲，我就把她當作自己的女兒照顧。我們夫妻相處十來年了，難道你還以為我是一個小器的妒婦嗎？請放心，我不是那樣的女人。」

於是，這個家庭的一男兩女，共同住在一起，蓮華色真是以母親的情懷，照顧著丈夫的小太太，那個小女人，因為長得很像蓮華色，她們兩人在一起，的確像是一對母女，那個小女人，也把蓮華色當作自己的母親那樣敬愛著，並在閒談之中透露，她是一個從小失去母愛的女孩子。蓮華色聽了，非常想念她那從小離開了她的女兒。甚至懷疑到這個小女人，就是她那親生女兒，但又不便進一步地問她家鄉的情形及家庭的狀況。為免引起思鄉的愁苦，對於一個離鄉背井的人，是不該問到這些的。

但在有一天的早晨，蓮華色為那小女人梳理頭髮的時候，發現她的後腦部位，有著一塊顯明的疤痕，這使蓮華色幾乎驚叫起來，因為在她的記憶中，這塊疤痕便是她自己離開第一任丈夫時，將她出世不久的女兒扔在木塊上所留下的誌號呀！但她恐怕驚動了她的丈夫以及這個小女人，所以沒有驚叫。然而再也不能不問這個小女人的身世了，她以關切的口氣問道：「妳頭上傷痕這麼大，在受傷的時候，想是很痛的。」

「是的，但在那時還幼小得很，所以也不知道痛與不痛。」那個小女人又接著說：「據父親告訴我，那是我的母親因事與父親吵架，在盛怒之下，將我扔在一塊木頭上撞破的。我的母親，從此一氣出走，再也沒有回家。我真命苦，從小就沒有見過母親。現在我卻常常這麼想：妳對我這麼愛護，如果妳是我的母親，該是多好！」

蓮華色聽到這裡，真想抱起這個小女人來痛哭一場了。很明顯地，這就是她自己的女兒呀！但她仍不放心，故又問了那個小女人許多問題，問她住在得叉尸羅城的那條街上，門牌多少，面向何方，她的父親叫什麼名字？這一問，完全明白了，也完全證實了，但也使她悲痛得更加難過了。

蓮華色的心情非常激動，但她不再發怒，她站在那裡想了很久，才使她想通了：「啊！我是一個苦命的女人，這是一個混亂的世間。十年前，母親分占了我的丈夫；十年後，女兒嫁給了我的第二個丈夫，我與女兒做了同一個男人的妻子，我既已將第一個丈夫讓給了母親，何又不能再將第二個丈夫讓給女兒呢？為了女兒的幸福，我應犧牲到底。」

因此，她將滿腹的辛酸與痛苦，深深地埋藏在心中，裝著若無其事的樣子，下定決心，悄悄地離開，風塵僕僕地隨著一隊商人，從波羅捺城到了廣嚴城。

這時的蓮華色，已是二十多歲的女人了，經過了兩次的大變故，她對世事既感到心灰意冷，又覺得無可奈何。她是一個苦命的女人，但也同情所有的女人，她覺得這個世界的女人都是可憐的，男人卻是醜惡的，男人對於女人的占有欲，多半是貪得無厭的。為了對付男人，為了向男人報復，到了廣嚴城之後，雖有好多男人向她求婚，卻都被她拒絕了。她要以玩世不恭的姿態來愚弄男人了。於是，在不久之後，她雖不曾成為掛牌的妓女，實際上卻已成了廣嚴城中第一個眾所聞名的妓女。她的美姿、她的媚態、她的淫蕩、她的惑力，幾乎已使全城的男子顛倒發狂了，凡是有地位有財勢的男人，無不慕其豔名而來，致使那些掛牌而有組織的妓女們，生意大受影響。因此，引起了妓女們的公憤，大家聚集起來，鶯鶯燕燕地集合了一大群，一齊來到蓮華色的家裡，吱吱喳喳，七嘴八舌，有的主張搗她的家，有的主張毀她的容，有的主張要她的命、分她的肉。但都只是嘴上喧嚷，並未採取行動，最後還是一個領頭的妓女說了話：「妳究竟憑藉什麼妖術，能夠在此誘惑了那許多的男人？妳既吃著這一門飯，為何又不加入我們的組織？妳偷了我們的行業，搶了我們的生意，現在我們要妳表明一下態度，看妳有些什麼本領？」

蓮華色的回答很簡單，她說：「我沒有什麼妖術，只是能使被我見到的任何男人，都來向我追求而已；我無意靠做妓女謀生，我也從未做過妓女，所以不知道妓女這樣的賤業，也要加入什麼組織。」

大群的妓女議論了一番之後，仍由那個帶頭的發言道：「那麼我們要試妳一試：本城有一個賣香的少年男子，常修不淨觀，任何美女在他看來，都是一堆腐屍臭肉，任何女人去接近他，都不能打動他那堅定的心，甚至連看都不看一眼。如妳能將此人誘惑成功，我們就佩服妳，公認妳是我們的領袖，不但免除妳對我們組織中的一切義務，同時還可得到各位姊妹一致擁戴與服從。否則的話，就要照章處罰妳六十個金錢。」

蓮華色問道：「那是一個正常的男人嗎？」

「當然是的。」

「如果是正常的男人，我便有辦法使他喜歡女人。」

於是，蓮華色便運用她的頭腦，利用方法去接近那個賣香的少年。首先假裝出種種敬愛丈夫的行為，當時印度若為人以香料塗身，便表示敬愛之意，故命婢女天天去買塗身的香料，過幾天又天天去買種種名貴的藥物；先說是她女主人教她買了為她男主人塗身，後又說是她女主人教她買了給男主人治病的。那個賣香的少年，聽得日子長了，心裡很受感動，認為那家的女主人，一定是個非常賢淑貞潔的婦人，否則哪能有此好心，盡心盡意地看顧她的丈夫呢？他又想：女人都是可怕的毒蛇，但像娶了這樣的女人，豈不又是幸福的呢？

又過了幾天，蓮華色命她的婢女在買藥時，向那賣香少年說她男主人的病況，已在嚴重危險之際了。過了一天，蓮華色竟然穿起了一身喪服，由婢女扶著，痛哭哀號地打那賣香少年的店門前經過，並且一邊哭泣一邊哀訴著她對亡夫的懷念與恩情。那個賣香少年，因為早就對她有了好感，此時又見到這樣一幕生離死別的情景，使他非常同情，並想：這真是一對薄命的夫婦——如此年輕貞潔而美麗的女人，竟然死了丈夫；既有如此一位妻子，竟然不能享有長壽而離開了人間。其實，他是僅對蓮華色的戀慕與同情而已，但他尚未自覺自省。

再過兩天，蓮華色的婢女，又到賣香少年的店裡買藥了，說是她的女主人因為喪夫，哀痛過深而病倒了。

「曾請醫生看了嗎？」賣香少年顯然是很關心蓮華色的病了。

「女主人病了，我們又是新近搬來這裡住下，所以也不知道究竟去請哪一位醫生才好！」那婢女又很巧妙地把話題一轉：「你們賣香的都兼帶賣藥，又聽說賣藥的人也必懂得醫術醫理，這話是真的嗎？」

「是的，不過對醫道方面雖曾研究，但怕不是一個最好的醫生。」

「那就太好了，現在就請你陪我走一趟，可以嗎？求求你。」

賣香少年雖還存有一分戒心，他是從來不為女人看病的；現在他想，為救一個愛夫而又貞潔的婦人，他是應該破例了。同時，他雖知道自己的道力，尚未達到離欲的程度，此去為婦人治病，實在不宜，唯又自我解釋著說：「那是一個貞潔的婦人，她不會破壞到我的。」

於是，那賣香少年到了蓮華色的家裡，進了蓮華色的臥室，蓮華色懶洋洋慵倦倦地睡在床上，好像是病著，也像是沒有病。她見到賣香少年進去，只是微微張眼一看，又把眼簾合攏了。直至婢女稟告她醫生來了，她才伸出一隻手臂來，意思是讓醫生把脈，眼睛仍舊閉著。

賣香少年，從未進過女人的香閨，尤其像蓮華色這樣的香閨，一切擺設與氣氛，在在都充滿著女性的魔力。當他一見到蓮華色的一條玉臂，細膩圓潤，潔白粉嫩，他幾乎覺得他是置身於天堂，見到了天女，但他尚未忘記他是一個以修不淨觀聞名的人，不應有此遐思妄想。

但是，佛經中稱接觸女人謂之「觸毒」，當他一觸到蓮華色的皚腕之時，他的心就不由自主地跳動起來了，他的血液，也在起著急劇的變化了，甚至連病人脈息的正確位置也找不到了。這時，他又嗅到了一股奇異的香氣，像是蓮華香，但又不像真正的蓮華香，再用鼻息探尋香氣的來源，正是發自蓮華色的身上，因此，不自禁地將眼光集中在蓮華色的臉上，貪婪地看著、看著，正看之間，蓮華色卻收回了手臂，啟開了眼睛，現出了千嬌百媚的淫態。終於，那賣香少年的不淨觀，在蓮華色的引誘之下，完全破產了！

自此，賣香少年，成了蓮華色香閨中的常客，蓮華色的名氣，也就因此而更大了。

不久，蓮華色懷孕生產了一個男嬰，但她以一妓女之身，撫育兒女，殊為不便，也易遭受男人的嫌惡而致影響到她的聲名，所以命婢女在夜裡抱到街上丟棄，婢女將嬰兒放在東城城門的附近，被東城看守城門的人抱去了。

過些時日，蓮華色又生產了一個女兒，以同樣的方法，丟棄在西城城門的附近，被西城看守城門的人抱去了。

東西兩個城門的看守，感情一向很好，現在各有一個孩子，一個是男孩子，一個是女孩子，他們為表親密，所以主張兩家聯姻，等孩子們長成之後，決定將西城門的女孩子，嫁給東城門的男孩子為妻。

至於蓮華色，已是三、四十歲的人了，但她容貌依舊，故仍操著「神女」的生涯。時間很快，東城的男孩已經成人了。在印度，男人們狎妓而淫的風俗是很通常的。有一次，許多少年朋友，邀了東門那個少年，以六十個金錢，請蓮華色跟大家同聚歡樂一宵。那個東門的少年，從小就很拘謹害羞，怕見女人，所以他不願參加這樣的集會，但是大家決議通過，如果誰不參加，就罰誰來獨自付給蓮華色六十個金錢。那個東門的少年，不得已，只好勉強地參加了。想不到，他的那些少年朋友正因為他的拘謹害羞，藉機作弄他一番，那天夜裡，便將蓮華色送交他一人照顧了。蓮華色對此老實而又害羞的少年，很有好感，那個少年也覺得蓮華色的確是個可愛的女人，因而又把蓮華色帶到自己的家裡同住。可是，廣嚴城的輿論，也因此譁然，大家以為一個城門的守將之子，把妓女帶住家中，是一件傷風敗俗不能原諒的醜事。終於在輿論的壓力之下，那個少年只好將蓮華色娶為正式妻子；同時，蓮華色在風塵中混了十多年，也很希望有個歸宿了。但在西城門的那個女孩也長成了，東門少年為了實踐最初的婚約，又把她娶了回家，成為第二個妻子。

事實上，這是一樁亂倫到了極頂的婚姻關係，奈何當事的人，誰也不知道，所以蓮華色還為這個少年生了一個男孩。

三

終於，蓮華色的善根善緣快要成熟了。

有一天，西門的女人正抱著蓮華色與東門少年所生的男孩，在門口逗著玩。佛的大弟子——神通第一的目犍連尊者，來到了她們的家裡，這是一個難得的機會，那個西門的女人早就是個佛教徒，她想今天可以聽到目犍連尊者的妙法了。然而目犍連尊者並未說佛法，一開口便向她說：「妳可知道嗎？我今天要向妳說破一樁亂倫到了極頂的婚姻故事。」

「我很願意聽的，請聖者就說罷！」

「這個故事不在別處，就在廣嚴城中，你們的府上。」

「當真的嗎？」

「我豈還會妄語？告訴妳：妳丈夫的大夫人，是妳的生母；妳的丈夫，是妳同胞的兄長，因此，妳們之間絕不可相互嫉妒了。」目犍連尊者，接著又把其中的來龍去脈，原原本本地向她說一遍，便自走了。

過後，又有一個專以看相算命為業的婆羅門，經過這裡，他見西門的女人抱著一個白胖胖的男孩，便走近去找生意做，希望能給這個男孩看一看相。他首先以頌句問道：

妳這花容月貌美人，
對於三寶深信虔敬。
所抱的男孩多端正，
請問是妳的什麼親？

那個西門的女人聽到婆羅門如此一問，不禁感慨萬千，所以也用頌句回答道：

好心的婆羅門請聽：
這是我的同胞之弟，
也是我的胞兄所生，
我的丈夫是他哥哥，
但我也是此兒母親，
他的生父是我繼父，
繼父做了我的丈夫，
聖者慈悲告訴了我。

那個看相的婆羅門，聽了覺得很好笑，但他不再發問，也不打算看相了，卻是放聲大笑著走了。

這時，蓮華色在室內聽了這樣奇怪的頌句問答，便問剛從門口進來的一個婢女，那是怎麼一回事？那個婢女，也是不知所以，只得照她所見所聞的，向蓮華色重述了一遍。

蓮華色已是個飽經憂患滄桑的中年婦人了，她並不是真正的蕩婦，也只是出自一時的激情與忿怒，才走上了玩世不恭的道路。想不到她的命運是這樣地惡劣。當她正好有了最後的歸宿，這個歸宿的關係，竟又是如此地不幸。過去，她曾與自己的母親共侍一個丈夫，又曾以自己的丈夫讓給了自己的女兒。現在，更加複雜了：自己做了兒子的妻子，讓她的兒子娶了生身的母親，又娶了同胞的妹妹；她為她的兒子生了兒子，既是她自己的兒子，又是她自己的孫子；既是她兒子的弟弟，又是她丈夫的兒子。當她悲痛地想到這裡時，忽覺眼前一黑，身體一晃，昏倒在地上了！但她並不知道，這是她的宿世業力使她自作自受；她也沒有想到，為了報復男人而以妓女的身分來愚弄男人，最後竟是自食其果，愚弄了男人，也更愚弄了自己，使她在痛苦罪惡的人生大海中，愈向前走，愈發深陷，幾至於快要滅頂了！

蓮華色雖因受到重大的刺激，而以最最無恥的姿態出現為淫蕩的妓女，但她的本性，卻是一個最最知恥的女人。因此，她又偷偷地離開了廣嚴城，到了王舍城，這是佛陀經常教化的兩大城市之一。她到了王舍城，真不知道何去何從，嫁人吧！她嫁了三次，卻是失敗而且煩惱了三次，若不嫁吧！以她一個女人之身，又能做些什麼？終於，她在生活的壓迫下，再操了賤業。幸好她雖已是中年的婦人，她的容貌，並未隨著時光的消逝而褪色。所以她在王舍城住下不久，她的聲名之大，身價之高，竟然超過了在廣嚴城的時代，她被召喚伴樂的代價，每次已貴到五百金錢的程度了，除了公子哥兒、達官貴人、富商巨賈，很少有人敢向她問津的。有一個貧窮的少年，想要親近她，卻被她拒絕了，並且告訴他，當他有了五百金錢時，再來找她。但她不論團體或個人，只要付足了五百金錢，她便伴樂一宵。因此，有一天，王舍城有五百個男人，共集了五百金錢，召來了蓮華色，聚集在一座大花園裡，遊戲作樂。

這時，目犍連尊者，知道蓮華色的業報已盡了，已是接受攝化的時機了，所以也到了這座大花園裡，距離五百男人及蓮華色不遠的一棵大樹下，來回地經行著。這被一個喜歡惡作劇的少年發現了，便以玩笑的口吻對蓮華色說道：「妳看到了嗎？在那邊樹下經行的一個佛教出家人，他是佛陀的大弟子，並以神通第一聞名，他便是目犍連尊者，他的戒行清淨，已是證得了四果聖位的離欲阿羅漢，在他來說，一切的貪欲汙泥，都不能染汙到他了。蓮華色，美麗的女人，妳的魔力，已經傾動了王舍城中所有的男人，妳是否也能使得聖者目犍連，對妳生起愛染之心呢？」

蓮華色向目犍連尊者的經行處看了一眼，便不假思索地回答道：「這有什麼困難呢？只要是男人，男人無不喜愛女人。我在廣嚴城中，曾使一個已經修成了不淨觀的賣香少年，在我的身上生起了染汙的愛情，何況這個出家人，我就沒有辦法嗎？」

於是，蓮華色輕移身體，走近目犍連尊者，並以慣用的媚態，一步近一步地向尊者的身體逼近過去。她的經驗告訴她，凡是被她的嬌軀接觸到的男人，沒有不受她的誘力所動的，只要使得男人的心一動，怎麼堅固的道心道念，也必被她連根拔起。所以她想，她要誘惑男人，從來不會失敗。所以她對目犍連尊者的誘惑，也有著相當地自信。

但是，當她尚未逼著目犍連尊者的身體，尊者竟然飛騰而起，懸身半空，並以頌句對她說道：

妳以可厭的骨鎖之身，全身纏繞血脈與神經，
本由父精母血所構成，依他活命想把我侮輕。
臭皮囊裝滿著不清淨，日夜間排出了又裝進，
九孔之瘡永流著汙穢，汙穢之氣縱橫於周身。
世人若悟此身之根本，如我識透妳身之不淨，
應當遠離貪著並拋棄，譬如夏日之廁不可近。
無智慧所以冥頑不靈，常愚癡所以覆蓋無明，
妳已被愛樂迷住了心，似老象陷泥愈陷愈深！

蓮華色從未見過這樣偉大的聖者，能有如此偉大的神通；她也從未聽過這樣崇高的佛法，能有如此崇高的智慧。這對於她，都是新鮮的，也是稀有的，同時，凡夫見到神通，無有不起恭敬之心的；聽到聖者的開示，無有不生信仰之心的。因此，蓮華色對她自已觀察審視，已經知道此一血肉之軀，的確是由許多不清淨的東西，假合構成的。因此，蓮華色便仰望著空中的尊者，遙遙地向尊者投地禮拜，並且也以頌句說道：

我知可厭的骨鎖之身，全身纏繞血脈與神經，
本由父精母血所構成，依他活命予聖者侮輕。
我的身裝滿著不清淨，日夜間排出了又裝進，
九孔之瘡永流著汙穢，汙穢之氣縱橫於周身。
世人若悟此身之根本，如大聖者識透之不淨，
應當遠離貪著並拋棄，譬如夏日之廁不可近。
無智慧所以冥頑不靈，常愚癡所以覆蓋無明，
我確被愛樂迷住了心，似老象陷泥愈陷愈深。
但願聖者身從空中下，為我演說甚深微妙法，
引我於此勝教求出家，發願常修離欲清淨行。

這時，目犍連尊者，已知蓮華色的善根完全成熟了，為了悲憫她的懇切祈求，所以從空中忽然而下，並為蓮華色又說了一些佛法。人在信心成就之後，一聽佛法，便會見道，證得初果。蓮華色證了初果之後，立即頂禮目犍連尊者的雙足，並且哀切懇求，准許度她出家。同時，也將五百金錢，立即退還了買

她享樂的五百個男子，說明她已信佛學佛，即將出家，請他們原諒，並向他們謝罪。

這是非常感人的場面，那五百個男子，不唯不予留難，反而因此而全部接受了目犍連尊者的感化，一邊恭喜蓮華色的捨邪歸正，一邊也集體前來頂禮目犍連尊者的雙足。

佛制，比丘是不能為女人做剃度師的，目犍連尊者雖然答允蓮華色可在佛教中出家為比丘尼，但他只是答應為她介紹出家，並不就是自己為她剃度。

於是，目犍連尊者先將蓮華色引見了那時正在王舍城竹林精舍的釋迦世尊。

雖然佛陀早已知道了蓮華色的身世，以及她往昔生中的事蹟，但是，目犍連尊者為使佛陀座下的大眾都能知道，所以將蓮華色的種種經過，向佛陀報告了一遍。佛陀聽了很歡喜，當時就寫了一封信，交給蓮華色，教她拿著佛陀的信去見室羅伐城的大愛道比丘尼，教她就在那裡出家。

這時候王舍城的頻婆娑羅王，正好也在佛陀座前聽法，他聽了有關蓮華色的經過，心中也很受感動。現在，要蓮華色單獨由南方的王舍城往北方的室羅伐城向大愛道求度出家，以蓮華色的豔名，以及她的美貌，在路上是件危險的事，為了她的安全，頻婆娑羅王也立即派了武裝的軍隊，將蓮華色護送到了室羅伐城去。這是蓮華色信佛之後的一大殊榮。

四

蓮華色，這歷盡滄桑的一個美人，也是宿根深厚的一個女人，當她出家之後，一切的生活行為，一切的修持方法，她好像是不用學習就已懂了的；但她卻是一個最勤奮最精進的比丘尼，她對僧團中、佛法內，一切的一切，都能以最認真、最虔敬、最懇切的態度，去學、去行。在俗之際，她是個浪漫風流的風塵女人，出家之後，卻是個持律謹嚴的頭陀行者。故在不久之後，她便證了小乘聖者的最高境界——阿羅漢果。並且由於她的宿願所致，當她證到阿羅漢果之後，她在聖比丘尼之中，佛陀許為神通第一。尼眾僧團中如果有了外侮的事件，也往往就由蓮華色聖比丘尼以神通的力量來解決應付。比如有一位妙賢聖比丘尼，雖證四果，但無神通，致被阿闍世王的臣屬幽禁改裝而獻與阿闍世王，伴同睡了一夜，受了玷汙，第二天一早，便由蓮華色聖比丘尼，以神通力飛臨王宮上空，教授妙賢聖比丘尼修發了神通，一同飛返尼寺僧團。

對她自身來說，神通也是有用的。當她身為王舍城的妓女之時，她曾告知一個貧窮的少年，等到有了五百金錢時，再來找她。後來，她雖出了家，那個少年為求一親她的芳澤，終以苦力賺到了五百金錢，念念不忘地要找蓮華色，從王舍城打聽，明知她已出了家，仍然追踪到了室羅伐城。很巧地，蓮華色在野外用功，被他見到了，見她的容顏光華，比往日更加好看了。他拿出了金錢，要求蓮華色履行昔日的諾言，蓮華色此時已是四果的離欲羅漢，為了戒律，為了聖果，她是不受五欲也不能再受五欲了。但那少年，依舊死纏不放，蓮華色無可奈何，只好問他愛什麼？回說愛她的身體細滑而芳香。蓮華色便虛與委蛇，說要先解小便，便進了廁所，塗了一身的大便。這樣一來，總算暫時嚇退了那個少年。過些時又給那個少年遇到，她問他愛她什麼，回說愛她美麗的雙眼，她便以神通，隨手取出了鮮血淋漓的眼珠送他，那個少年卻以為她是以魔術欺騙他，所以打了她一頓。第三次，蓮華色乞食歸來，忘了將房門關好，一個婆羅門的少年，便偷偷地跟踪而至，進了她的房間，首先伏在床下，等到蓮華色睡熟了，他便上了她的床，汙了她聖潔的身體！待她醒時，始知不對，即以神通，飛升空中，嚇得那個少年，立即昏了過去，不久就死了，並以此罪而生墮地獄！佛制，尼眾不住阿蘭若處，不得不關上房門睡眠，與這是有關係的。

又有一次的夜裡，蓮華色聖比丘尼，單獨在林間入定，被一群盜賊發現了，盜賊們見到如此一位出家女人，在月光的照耀下，聖潔如霜雪，圓滿如皓月，寂定如須彌。一個女人，在深夜的林間，獨自入定，必然有其無畏的精神，所以覺得是件稀有難得的事。因此感動了那群盜賊的首領，將一匹貴重的衣料，裹了一塊美味的食物，掛在離她不遠的樹枝上，並且祝願道：「這位出家的女聖者，一定會知道我對她所表示的這一點敬意。」第二天清早，當她出定之時，見到樹枝上的東西，果然以神通明白了那是布施給她的所有物。但她是個非常恭敬比丘的人，當她得到美味的食物之後，便親自送去耆闍崛山精舍，供養上座比丘。這次，她又發現一個比丘，披著一件補衲骯髒地無以復加的破舊伽梨，她的慈憫之心，不禁油然而興，隨即上前作禮問訊，並問：「大德比丘，為什麼要披著這樣一件破舊不堪的僧伽梨呢？」

「噢！大姊，為了盡此大衣的形壽披著，所以破舊如此，仍不捨得拋棄它呀！」這是一個惜物惜福的頭陀比丘。

蓮華色聖比丘尼，正好是披著那件由貴重衣料所做的僧伽梨，所以毫不顧惜地對那比丘說：「大德，我將我的僧伽梨與大德交換，大德願意接受嗎？」

「當然願意。」隨即便將那件破舊不堪的僧伽梨，脫下來與蓮華色聖比丘尼交換了。

過了一些時日，蓮華色聖比丘尼依舊披著那件交換而來的破舊不堪的僧伽梨，出外乞食是如此，禮見佛陀也是如此。世尊見了，不以為然，世尊知道其中的原委，但為使得大家知道，所以垂問蓮華色比丘尼：「妳為什麼會披著這樣破舊的僧伽梨呢？」當蓮華色回答之後，世尊便對大眾說：「婦女出家，雖著上好的僧衣，猶覺不夠莊嚴，何況披著如此破舊的僧衣呢？這事被外人知道了要譏嫌比丘的，以為比丘們以男子身分欺侮女人。所以今天為比丘們制戒：若比丘，取非親里（家親眷屬的出家）比丘尼衣，除貿易（大小長短可交換），（犯）尼薩耆波逸提（捨墮罪）。」

說到蓮華色比丘尼的恭敬比丘與捨己為人，還有一段動人的事蹟：當時，佛陀住在室羅伐城的祇園精舍，那是一個大荒年，人民因為飢餓而死的很多很多，這對於靠乞食為生的比丘及比丘尼們的生活，影響自是很大，往往都是空缽出去，仍舊空缽還寺。除了少數富貴人家，多數的平民，為求自身及自家妻子兒女的溫飽，都已感到極度地困難，哪裡還有力量來布施供僧呢？

然對信施的爭取方面，尼眾往往要比男眾更有辦法，尤其是蓮華色比丘尼，她的法緣很好，每天都可得到飲食的供養，但她沒有自己獨享她所乞得的飲食，她總要將部分乃至大部分轉手供養空缽往返的比丘。

一些凡夫比丘，在此荒年之中，確是可憐的，但也是可厭的，他們知道在蓮華色比丘尼的缽中，可以分得一分乃至足夠一飽的飲食之後，不唯自己向她求乞，並還轉告其他的比丘也向她求乞。他們不再沿門托缽了，他們等候在蓮華色比丘尼經常乞食往返的路上，一見蓮華色比丘尼托著滿缽而來，他們便捧著空缽迎了上去。當然，他們是不會失望的。蓮華色比丘尼每每於上午在聚落中出入往返好多次，滿缽出來，又空缽進去，往往到了日中已過，她又不能吃東西了。後來，更嚴重了，竟有一連三天，都是絕食，她的身體已飢餓得不能支持了，但她毫無怨言，她反覺得能以她的力量，使得好多比丘不致挨餓，總是值得安慰的事。所以第三天上午，她仍照常出外乞食。然而，她是非常衰弱的了，這天卻在路上遇到了一位長者，驅車進城，去見國王，他的隨從，先在車前清道，喝嚷著行人避到路邊去，蓮華色比丘尼因為腳下無力，退避之時，竟然可憐地跌倒在路邊的深泥之中了，臥在泥中，臉也蓋滿了汙泥。那位長者見是一位出家的女人跌倒了，感到很難過也很憐憫，便令車子停了下來，並命隨從人員扶她起來，問她怎會這樣的，她把實情說了，長者更加感動，所以仁慈地將她載上車子，送返長者的家，給她換洗，供養飲食之後，並對她說：「像尊者這樣的出家人，我願意供養妳至終身；以後不要出去乞食了。如為慈憫其他的比丘，別處所得，可以轉供他們，妳的一份，則可常來我的家裡應供。」

這一感人的事蹟被佛知道了，又為比丘們制了一戒：入村中自受比丘尼食，食者，彼比丘應向餘比丘說：「大德！我犯可呵法，所不應為，今向大德悔過。」是名悔過法。

再說蓮華色的神通，雖然得到佛陀的讚許，並說她是比丘尼中的神通第一，佛陀卻並不希望她時常表現神通，所以她在尼眾僧團中，並不顯得如何地特殊；雖然她的言行影響著廣大的尼眾僧團，是意料中事。

有一次，佛陀去了忉利天宮，人間的四眾弟子，個個想念著佛陀。後來，佛陀從忉利天下來的消息，轟動了所有的弟子，也興奮了所有的弟子，大家都想在佛下來之時，能夠第一個見到佛陀。然在佛的四眾之中，是有次序的，出家眾在在家眾之前，比丘又在比丘尼之前，蓮華色既是比丘尼，自然不能第一個見到佛陀的了。事實上，佛陀下來之後，便被萬千的弟子們圍繞起來，圍得水洩不通，腳不旋踵。

蓮華色比丘尼要想擠進人叢中去，瞻仰佛陀的慈容，也是辦不到了。於是她便想到一個拜見佛陀的方法：她以神通把自己變化成為轉輪聖王，七寶前導，九十九億軍眾圍繞，天子具足，微妙莊嚴如半月形，頭上持著白蓋，從者多如雲奔，如白日之放千光，若朗月之輝星漢。她便利用這一壯大的威勢，使得大家生起稀有之心，為她讓出一條通路，讓她拜見了佛陀。這時的聖比丘弟子，迦留陀夷尊者，知道這是蓮華色比丘尼的神通變化，所以告訴大眾，這不是真的轉輪聖王，大眾也真的看到，當這化現的轉輪聖王，禮拜世尊的雙足之時，已是蓮華色比丘尼的本來面目了。佛陀的教化是著重在平實的人生，若非在絕對必要時，絕不輕易現神通的，蓮華色尼在此時此地現了神通，自然不合佛法的旨趣，所以被佛陀當場訶責了一頓，並且從此禁止，比丘尼在佛陀面前不得表現神通。

實際上，神通的功用雖大，卻不是絕對的工夫，神通不能敵過業力。目犍連尊者是聖比丘中的神通第一，但他終被外道打死；蓮華色是聖比丘尼中的神通第一，但她卻是死於提婆達多之手。

說到蓮華色比丘尼的遇害，那時的她，可能已是很老了，提婆達多已在僧團之中掀起了反佛破僧的風潮，那已是佛陀晚年的階段了。當時，佛陀住在王舍城的竹林精舍，竹林精舍各堂各室的地上，全部布滿了坐具，以備人多之用。為恐汙損了坐具，所以佛陀制戒：規定大眾，不得不先洗腳，便入堂室之內。提婆達多，已經公開反佛，自然不守佛戒，並且故意搗亂毀戒，故意不先洗腳，就走了進去，汙損了坐具。當時蓮華色比丘尼，正好走近那裡，覺得提婆達多的行為，太豈有此理了，所以上前勸告他說：「世尊明明制了戒，不洗腳的不可走進去，大德為什麼要明知故犯呢？」

提婆達多因為要做新佛的目的，未能達到，並且屢試屢敗，正沒好氣，便遇到了業報使然而實可憐可敬的蓮華色比丘尼，所以惱羞成怒地回答道：「哪裡來的妳這麼一個醜惡的比丘尼！也夠資格教訓我，難道妳知道的戒律，還勝過了我嗎？」

說罷，隨手就是一拳，打中了蓮華色比丘尼的腦袋。在釋迦族的王子之中，佛的力氣最大，其次是難陀，第三就是提婆達多，蓮華色比丘尼的腦袋，豈能禁得起他的全力一擊？於是，一代的聖比丘尼，神通第一的蓮華色比丘尼，竟被打死在當場了！故當提婆達多去世之時，實際上他已犯了五逆罪中的三大逆罪——破和合僧、出佛身血、殺阿羅漢。

五

這篇文章，到此已經結束，但我尚有幾點補充說明：

（一）本文的內容，係取材於《四分律》、《根本說一切有部律》、《僧祇律》，以及《鼻奈耶》等的諸部律典，而以《根本說一切有部律》為主。因為各部所述，均有出入，筆者不得不以自己的觀點，加以抉擇取捨，然後編寫成文。所以此文是不能根據某一部律的觀點來衡斷的。

（二）蓮華色比丘尼的中文譯名有好幾個，比如優鉢色（《鼻奈耶》）、青蓮花（《根本說一切有部毘奈耶》）、嘔鉢羅色（《根本說一切有部毘奈耶雜事》）、蓮華色（《四分律》），中國盛行《四分律》，所以本文採用了《四分律》的譯名。

（三）筆者雖不懂得寫作傳記文學，但如要將經律中的記載，寫成傳記，必須要在文字結構及心理物態的描寫上，重加潤色銜接，才能使得所寫的人物活現起來。為了這一要求，這篇文字的好多部分，都是出於筆者的推想，而非屬於經文的直譯。故請讀者不必以此看作歷史或經文的考訂。當然，既是一篇聖者的傳記，內容和事實，都是有根據有出處的，筆者絕對不敢妄加一事，這是可對讀者負責的。

（一九六三年九月十一日於臺灣美濃瓔珞關房）

迦葉之妻

一

由於迦葉尊者的出家，迦葉尊者的夫人妙賢女士也出家了；由於妙賢女士成了比丘尼，並且證得了阿羅漢果，釋迦世尊便向弟子們說了好多有關妙賢比丘尼在往昔生中的本生事蹟。現今取其要者，選譯如下：

（一）在過去，有一個農夫的妻子，去田裡為她正在耕作的丈夫送飯，經過一片樹林，發現林間樹下，有一位獨覺聖者靜靜地坐著，相貌端正，威容莊嚴，所以生了恭敬心，上前頂禮，瞻仰不捨。這時，農夫見他妻子遲遲不送飯去，便想回家查看，但他經過林間，發現他的妻子正在一個出家人的面前時，便惱怒地說道：「妳這賤人，原來妳在這裡跟他搞鬼做不要臉的事啊！」

他的妻子正想申辯，那位獨覺聖者卻已為了不使農夫再犯更大的惡業，而騰空飛了上去，並現出種種神通變化。農夫見了，不但慚愧自己的肉眼不識聖者，並也恭敬虔誠地五體投地，長跪合掌，哀求懺悔，致敬發願，願將妻子為他所送的飲食，恭敬供養獨覺聖者，並說：「我剛才所出的惡言，均由貪欲之心的占有而起，故願我們兩人，以後的生生世世，常能滅除欲染情愛的貪著。」

（二）在過去九十一劫時，那是毘婆尸如來住世的時代。毘婆尸離開王宮，出家成佛之後，佛的妹妹便勸佛的父王，以南贍部洲最好的金子，比照佛的形像與身量，塑了一尊佛像，供在佛陀過去所坐的座位上。那是一尊金碧輝煌，光彩奪目的佛像；但當佛陀回到王宮之時，佛陀的相好光明，卻使金像變得黯然失色了。佛妹見了，便生稀有之想，引發清淨信願，跪在佛前，合掌祈願道：「如同世尊的威光神德，輝映之下，使得金像失色。從今以後，願我生生世世，所受身相光明，皆與佛陀相似。」

（三）過去，在一座叫作婆羅尼斯的城中，有一名妓女，有一天收下了五百金錢，答允與五百個男子在一所大花園裡共樂終宵。但當她在赴約的路上，遇到了一位王子，被王子截留了下來，她既不通知那五百男子，也不退還他們的金錢。那五百個男子等了她一夜，也沒有見到她的倩影光臨。天亮之後，正好有一位獨覺聖者，乞食經過那裡，他們從獨覺聖者的威儀中，就可知道這不是一個凡夫，所以大家拿了最好的飲食供養奉施。他們供養聖者以後，想到那個失信的妓女，便氣憤地咒願道：「願以這一修供養的福力，使那取錢而又背信的妓女，來世得大苦惱，無論她是在家出家，我們也要達成與她行淫的目的。」

（四）過去，有一長者娶一妻子，久久不能生育，長者便娶第二個妻子。自此，第一妻子即持淨戒，長者很喜歡，第二個妻子生了嫉妒心，故意使長者喝得酩酊大醉，然後，到第一妻子的房裡，破了她的淨戒，使她懊惱非常。此後，第一妻子供養了獨覺聖者，並且發願道：「我今以此福田所種福業，使我來世，縱然此一小婢證了聖果，也要強逼汙她淨行。」

（五）過去，在迦葉佛的時代，有人隨佛出家，他的剃度師是迦葉佛時利智第一的大阿羅漢，所以他也發願到釋迦世尊的時代，隨佛出家，蒙佛授記，利智第一。

二

在釋尊時代的劫比羅城，有一位劫比羅姓的大婆羅門，他是劫比羅城的首富，財富之多，富甲全國；金銀珍寶，充塞倉庫；力勢之大，大如毘沙門王；他的封祿，有十八廣大聚落；他的僕使，有十六個大邑；他有六十億上妙的真金；國王有一千具犁，他也有一千具犁，恐怕國王嫉妒，所以象徵性地減少一具。

這個大婆羅門，娶了一位望族的閨秀為妻，生了一個女兒，這是一個容貌超絕的女孩子，也是一個人見人愛的女孩子，當時的劫比羅城，再也不會有這樣美貌的第二個女孩子了。不但容貌姣好，稟性也極溫馴善良。因此，她的父母就給她命名，叫作妙賢。

漸漸地，妙賢已經長大了，她已是一個秀外慧中，才貌雙全的少女了。她的美貌，她的品德，已是四遠聞名的事了。人們雖都沒有見過妙賢本人，妙賢的才貌與品德，已成了家喻戶曉、茶餘飯後交相讚美的談話資料。

這時，尼拘律城的尼拘律大婆羅門，為了給他的獨生子迦葉娶親，根據迦葉的意思，以紫金鑄造了一座美女像，囑咐家中的學徒，抬著這座紫金美女像，到處察訪，見有少女能如金像這樣的色相分明容儀可愛者，始能合乎迦葉的要求。

最後，這座紫金美女像，被抬到了劫比羅城，並且大聲遍告城裡的仕女們說：「這是一尊天神像，如能親自以香花等物供養這尊天神像的，可得五種利益：1.生於富貴家，2.嫁於貴族家，3.不被丈夫輕，4.生育有德子，5.丈夫常隨意。」經過這樣一番動聽的宣傳之後，劫比羅城的少女們，大家都以迎神賽會似的心情，捧著香花、水果、瓔珞、寶貝等的供品供具，前往供養這尊紫金的美女像了。

於是，妙賢的父母也勸他們的女兒前往供養天神，並且說了五種利益。

妙賢聽了，卻是不以為然，她對她的父親說：「爸爸！女兒的性格與一般的女孩子不同，女兒既不想嫁人，也不希望生子，更無意求得什麼如意郎君，所以不想去禮敬供養什麼天神。」

妙賢的父親，對於妙賢的個性，自然是早就了解了的，故也常為他女兒的終身大事焦心。但他也很知道，妙賢是個孝順聽話的孩子，所以又說：「那麼，妳雖沒有那些願望，禮敬天神而不求願，又有什麼不好呢？今天供養天神的少女很多，妳去看看，不也是一樁很好的事嗎？」

於是，妙賢便由她家的許多婦女陪伴著，禮敬供養了那尊紫金的美女像。

但也真想不到，當妙賢出現之時，許許多多的男女人群，都被她那天仙似的美貌及萬千的儀態吸引住了，大家不看天神像，反而都來擁著、擠著，瞻仰妙賢的儀態風姿了。妙賢本想去看供神的人們，如今倒被供神的人們所看了。說也奇怪，當她走近那座紫金的女像，那座女像所有的金光燦爛，竟然黯然失色，而變成一堆黑鐵了；待妙賢離開之時，金像的光芒，才又恢復起來。

這時，尼拘律大婆羅門的學徒們，已經看得清清楚楚，妙賢的美，要比金像更美。經過探聽，始知這就是大名鼎鼎的劫比羅大婆羅門的掌上明珠。

學徒們探聽清楚之後，隨即拜訪了劫比羅，自我介紹，並且說明了來意。

其實，尼拘律大婆羅門的財富與名望，劫比羅是早就聽人說過了的，因為尼拘律在尼拘律城的財富與名望，也正像劫比羅在劫比羅城的財富與名望一樣。現在又聽來人介紹了尼拘律大婆羅門的獨生子——迦葉容貌稀奇，聰睿無匹；明四《吠陀》，並閑雜術；能建自宗，善摧他論；智識猛利，事同火炬。因此，他就一口答應了這樁婚事。

學徒們回到本城，將經過情形向尼拘律大婆羅門報告之後，尼拘律大婆羅門自是高興非常。但這對於迦葉而言，並不是一樁喜事，他從小就不喜歡女人，所以也更不希望結婚。他曾想了種種辦法，阻撓他父親為他進行婚事的努力，但他是個敬愛父母的孝子，他的父親卻是日夜希望他能早日完婚，了卻一項最大的心事。他的志願是想出家修道，但他是他父母的獨生子，父母在世之日，勢必不能也不忍太過違背了父母的期望，所以建議父親以紫金鑄造一座美女像。在他以為這是最好的辦法，因他相信，世間的女人再美，哪有比得上紫金女像的呢？哪有美女而能如金像一樣地光輝奪目的呢？現在，竟然出乎意外地，被他父親的學徒們找到了這樣的一位美女，又有什麼辦法再又推辭阻撓呢？但他總還不願信以為真，所以要求他的父親，准他親自前去劫比羅城，做了一次不公開的訪問。

迦葉到了劫比羅城，化妝成一個乞士，到了劫比羅大婆羅門的門口；這國家的風俗，凡有乞士臨門，均由少女送授飲食。這是一個最好的機會，迦葉看得明明白白，為他送授飲食的妙賢少女，是他所見女人中最美的美人了，的確要比金像美得多。因此，他倒反為妙賢的許婚而感嘆起來，當著妙賢的面，他便自言自語地說道：「如此的美貌，舉世也無雙；虛度了光華，實在是可惜的事。」

「難道說，我的未婚夫已經去世了嗎？」很顯然地，妙賢已經聽懂了迦葉的話意。

「不，他並沒有去世。」

「那麼，你的話是什麼意思？」

「他雖沒有死，但他是個不貪愛欲的人。」

「當真的嗎？」妙賢感到非常地驚奇，所以嘆了一口氣，說道：「這實在是一件難得稀有的奇事，也是我所最感欣慰的善事，因為我也是個至誠不貪愛欲的人，只是不忍違背父母的心意，所以答應了這樁婚事。」

「哦！那麼我們是有著同一志趣的同一苦衷人了。」迦葉立即表明自己的身分道：「可敬的賢女，很抱歉，我就是那個妳所許婚的男人，我叫尼拘律迦葉。既然如此，我們現在共同立誓：父母的慈命，我們不要違背，但在除了結婚之際互相暫時握手之外，以後的我們，彼此的肉體，誓不相觸。」

三

劫比羅大婆羅門的千金出嫁，尼拘律大婆羅門的獨生子結婚，這是轟動了兩大城市的大喜事，也是百年難得一見的大場面。

妙賢下嫁迦葉以後，雖在一起生活，但他們的確遵行著先前的盟誓。他們新婚的洞房，是幢莊嚴華麗的台榭，他們雖然同居一間臥室，同臥一張床鋪，卻是各睡一邊，互不相觸，各修清淨善業，共求出世之道。然而，迦葉還要時常以勸告，並勉勵的口吻對妙賢說：

看盡了生死的禍害，
都由那愛欲的媒介，
世人皆癡呀！不知其非，

但是，有一天的深夜，妙賢睡熟了，一雙手臂沿著床邊伸了下去，迦葉尚在精進地用功，忽見一條毒蛇，由房外進來，爬近了妙賢的床沿，接近了妙賢的手臂，吐著舌信，流著毒涎，正向妙賢的手臂咬去。迦葉見這情況，已經來不及喚醒妙賢了，只得急急地跨上一步，用扇子的把柄，將妙賢的手臂舉上床去，並將毒蛇趕走。

這樣一來，卻把妙賢驚醒了，她不知道這是為了什麼，她還以為是迦葉用手接觸了她的手臂，所以驚訝地對迦葉說道：「請勿違背了我們的盟誓，請勿虧損了我們的盟誓。」

「不是的，妳不知道呀！有一條毒蛇正要傷害妳哪！」迦葉解釋著說：「我是為了救妳，為了趕蛇呀！」

妙賢的見解，卻不以為然，所以用頌句答道：

寧可由我讓毒蛇咬死，

絕對不可來背誓相觸；
毒蛇毒死只是一身死，
愛欲之毒毒及無邊際。

迦葉聽了，非常感佩妙賢的道心，但也覺得面對著女人修行，確是極其困難的事，所以也用頌句說道：

行於刀鋒之上，
入於火坑之中，
雖是世間的難事；
面對溫柔的女人，
修行清淨的道業，
才是難中的難事。
共女人修行而能守誓，
實在是世間稀有的事。

接著，迦葉才把實情告訴妙賢，他是用扇子的把柄，並未用手相觸，這才使妙賢安下心來，繼續睡眠。

就這樣，迦葉與妙賢，一共度過十二年冰清玉潔的夫婦生活，彼此督促，互相勉勵，一心都以清淨的道業為重。

十二年之後，迦葉的父母，都已先後相繼去世，迦葉便將所有的產業財富，全部布施了貧窮的人們，他便毅然出家去了。隨後在廣嚴城的多子塔邊，接受了佛陀的攝化，並在九日之中，便證了阿羅漢果。

迦葉尊者出家以後，妙賢也去出家了；但她投錯了出家的門路，她是跟著無衣的裸體外道出家了！這為她帶來了許多的折磨。所謂無衣裸體外道，那是一群不著衣服，不修威儀，而又可以男女雜處的外道。她們的教主叫作晡剌拏，共有五百個男性的徒眾，見了妙賢的容貌與體態，尤其是在光著身體的情狀之下，實在是一大難禁難忍的誘惑，大家都以貪婪的眼光看她，又以輕薄的姿勢接近她、接觸她。她雖感到這個外道集團的風氣太惡劣、太低下，但既加入以後，又無逃脫遠離的自由了。於是，可憐的妙賢，聖潔的妙賢，竟在裸體外道的蹂躪之下，失去了貞操，並且是遭受五百個裸體外道的集體輪姦，最悲慘最殘酷的，他們竟將對於妙賢的集體輪姦，當成了日常的享受！一天如此，天天如此。妙賢的肉體與精神都受了強烈地摧殘，她是不能忍受了，她是衰弱地快要倒下來了，她向其他的裸體女外道訴苦訴怨，那些女外道很同情她，並建議她向他們的教主晡刺拏申告。

這又是萬萬料不到的事，晡刺拏聽了妙賢的申告，竟然覺得左右為難：為了他教團的名譽，當然不希望他的男性徒眾輪姦女性的徒眾；但他的男性徒眾一共只有五百個，如要依法全部驅逐，他便沒有一個擁護他的男性徒眾了。事實上，他卻完全因了五百個男性徒眾的擁護，他才有地位有供養，有名氣有立場。所以他是不能處罰他們的，也是不敢得罪他們的。然他為了對於徒眾的安撫，對於妙賢的安慰起見，只好下了一道手諭，並且加蓋印信，命令五百個人分成兩隊，逐日輪番，來享受妙賢的肉體，同時又命令妙賢，不得向外聲張。

這真是個荒唐至極的教主，下了一道荒唐至極的手諭！

所幸在不久之後，王舍城中舉行大會，所有佛法與外道的出家人，都可參加這一大會，並可得到豐富的供養。裸體外道，外表光著身子，表示看破一切放下了一切，實際上，他們是利用這一苦行的外表，貪求更多的名利，享受更多的五欲。這次王舍城的大會，他們豈能放棄機會？所以傾巢而出，全部都去了。

這卻是妙賢遇救的一個大好機會。以往，她被裸體外道當作洩欲器，軟禁起來，沒有行動的自由，這一次裸體外道也把她帶到王舍城去參加大會了。

四

當時，迦葉尊者隨佛住在王舍城的竹林精舍。那天上午到城中托缽，沿門乞食竟在路上遇見了妙賢。妙賢隨著裸體外道，也成了裸體外道，迦葉尊者幾乎認不得她了。但還是用平靜的口吻對妙賢說道：「很好，原來妳也出家了。妳在裸體外道中出家，是否覺得很好呢？妳對淨業的修持，是否比過去更有進步了呢？」

妙賢聽到迦葉尊者如此一問，不禁悲從中來，掩面痛哭。監視她的裸體外道，一見情形不對，便偷偷地、急急地，拔起雙腳溜走了。妙賢至此，已經自由了，所以一邊哭泣一邊訴說著她那悲慘的遭遇：「當聖者出家之後，我像是大海中失去了船舵的一片孤舟，無人勉勵，也無人作伴，更無人指導，所以投身於裸體外道的教團中出了家。萬想不到，我的一生淨行，一生貞節，竟在出家以後，全部失去了。我與聖者共室同床十二年，都能堅守盟誓，各修淨業，現在我出了家，竟像投身在畜牲群中，天天被那班餓鬼似的裸體外道，輪番蹂躪。聖者啊！你雖是我過去的丈夫，但我一向敬你如同慈父，現在我又遇到了你，你能救救我嗎？聖者，你能救救我嗎？」

迦葉尊者聽了妙賢的這一番訴述，很感同情，很覺憐憫，但他尚不能夠確知，妙賢能否在佛法中出家？因此，他便入定觀察。在定中看到，妙賢是有善根的，是能在佛法中出家的，是能在佛法中修行的，是能修行佛法而得解脫之道的；而且，妙賢的得度因緣，唯賴迦葉尊者的慈憫接引。迦葉尊者與妙賢之間，已在往昔無量生死之中，種了善因，結了善緣。

於是，迦葉尊者對她說道：「其實，我是不能救妳的，能為一切眾生做大救濟的，只有佛陀的聖教聖法，我已因了佛法而得解脫之道，妳何不也來皈投佛教，在此聖善的佛法中出家呢？」

「噢！聖者教我皈依佛教，在佛法中出家。但我這次已受了慘痛的教訓，我覺得出家的名目雖然好聽，雖然清高，出家人的實際生活，卻比俗人更糟！但願當我皈投佛教而出家之後，不會再有教主下達手諭，加蓋印信，讓我供他的徒眾，做輪番地蹂躪才好。」

「哦！可憐的妙賢，請妳不要這樣說，請妳趕快不要這樣說！」迦葉尊者接著向她解釋道：「妳所受的刺激太重大了。但也不能以偏概全，見到少數的出家人不好，就以為所有的出家人都不好；見到外道的出家人不好，就以為佛教的出家人也不好，這是不公平的、不正確的。我告訴妳：我所皈依的釋迦世尊，大師佛陀，是萬德具足的，福慧圓滿的；是世出世間的一切智人，是人間天上的導師，是三界眾生的慈父，是真正的無上福田，是真正的皈依處所；他的智慧微妙，他的相好莊嚴，他的威儀寂靜；他已證得圓滿的佛果，他已證得究竟的解脫。在這樣一位崇高偉大的大師領導攝化之下，豈能跟那裸體外道的烏合之眾相提並論呢？」

因此，妙賢放心了，安心了，欣喜地，慶幸地，隨著迦葉尊者，到了比丘尼的僧團中，禮請大愛道上座比丘尼，為她剃度出家了。

然而，妙賢成了比丘尼之後，她在教團內是安全快樂的，當她一出尼寺，進城乞食之際，外來的煩惱，又使她感到痛苦非常。因為她的美貌，她的體態，每次進城，都會吸引了很多人的注意，並且議論紛紛：

「可惜啦！這樣美麗的女人，為什麼要出家呢？」

「可不是，像她這樣年齡和美姿，要是不出家，那該是最幸福的女人了。」

「也許她是受了愛的刺激，所以斬斷了情絲呢！」

「無論怎麼說，她在這樣年輕的時候，就不該出家。韶光易逝，青春不再，年華虛度，太不該了。等到老了再出家，不也是一樣嗎？」

「人各有志，人各有願，如不及時修善，人命朝不保夕，我們何必管這些閒事！」

總之，對妙賢比丘尼的議論是天天都有的，而且天天都是這麼幾句，到處所聽的，也是這麼幾句。

妙賢比丘尼是大家閨秀出身，她還沒有證得聖果，她對外來的譏毀稱譽，還不能無動於心。所以，一連幾天之後，她便膽怯羞澀得不敢外出乞食了，寧願絕食挨餓，她也沒有勇氣進城托缽了。

這事被迦葉尊者知道了，迦葉尊者既曾是她名義上的丈夫，又復是她出家學佛時的接引，他是不能不管的，所以這樣想道：「如果佛陀慈悲，允許我將所乞食得飲食的一半，分給妙賢比丘尼，我就分她一半，免得她絕食挨餓。」隨即，迦葉尊者把他自己的想法，告訴了同住的比丘們，很快地，佛陀也知道了，並且得到了佛陀的允許。

可是，僧團中的分子，賢愚不等，凡聖不類，總有一些以小人之心度君子之腹的人物，喜歡說長道短，議論別人。他們見到迦葉尊者每日每餐，都將所乞的飯食，分給妙賢比丘尼一半，便有一個叫偷羅難陀的比丘尼，從中輕笑與毀謗了，她說：「聖者大迦葉，非常奇怪，未出家時，十二年中與妙賢共室同床，而能堅持清淨的梵行，如今夫婦兩人都出了家，倒反而私情相愛，以乞食相濟了。」

迦葉尊者的瞋心習氣很重，他一聽有人輕謗，便決心不再分食給妙賢比丘尼了。所以他到妙賢比丘尼那裡，對她說道：「我不能再來接濟妳的飲食了。但妳應該如法用功，精進努力，剋期取證，應作的趕快作，不應作的趕快斷。」說了，他便走了。

真想不到，偷羅難陀比丘尼的輕謗，竟是妙賢比丘尼求證離欲聖果的逆增上緣。妙賢比丘尼聽了迦葉尊者的開示之後，她以最大的慚愧心，發起最上的勇猛心，初夜、中夜、後夜，剋責自心，不休不息，竟在最後一念，斷卻之時，她已證得阿羅漢果。

現在，她是妙賢聖比丘尼了，在一夜之間，她已由雜染煩惱之身，轉成清淨無生之女了。她已不受煩惱的動搖了，她已是所作已辦，梵行已立的人了，她已不怕人家的議論了，她已能夠大大方方，自自在在地進城托缽了。

然而，業緣果報，絲毫不爽，即使證了阿羅漢果，也要清償宿世的業債。

那時，阿闍世（未生怨）王，聽了提婆達多的話，害死了他的父親頻婆娑羅王；但他懊悔莫及，憂惱非常，既不處理國政，也不接見群臣，獨自靜居在宮室之中，為了悲慼，也為了悔過。他的大臣，想盡了方法，使他忘卻憂愁，以便治理國政，但他對於任何娛樂，任何歌舞，任何美女，都已沒有了興趣。正好，倒楣的妙賢比丘尼，也是業報使然的妙賢比丘尼，進城乞食，遇見了阿闍世王的大臣，那是一個不信佛教的大臣，他見到妙賢比丘尼，竟然驚為天神下凡，這是他從來沒有見過的美女，為了博取阿闍世王的歡心，便將妙賢比丘尼帶進了王宮，強迫她脫下袈裟，換上宮裝，配上假髮，掛上瓔珞，塗上了香油香膏，送進了阿闍世王的寢宮。這對於阿闍世王的憂慼的心境，的確是一劑有效的解藥。因為這也是阿闍世王有生以來所見最美的一個美女了。

妙賢比丘尼，已是阿羅漢，已不受五欲，她很想把她的身分告訴阿闍世王，但是她的惡業報應，竟使她失去了反抗的能力，也使她說不出話來。終於，妙賢比丘尼接受了阿闍世王的凌辱！

直到第二天早晨，比丘尼寺中發現妙賢失踪了，才由蓮華色比丘尼乘著神足通，飛往王宮的高樓上空，呼喚妙賢比丘尼道：「姊妹呀！妳已破除了生死煩惱的惡魔，已經證了無生的阿羅漢果，怎麼不發起妳的神通逃脫，而要在此受這惡王的凌辱呢？」

阿羅漢不修神通，便不一定有神通，蓮華色是聖比丘尼之中的神通第一，立即把發起神通的方法告訴了妙賢比丘尼，在片刻之間，妙賢比丘尼，果然也能騰空而起，隨同蓮華色比丘尼，飛還了比丘尼寺。

為了這件羅漢比丘尼被惡王施暴姦汙的事，比丘尼的僧團之中，還鬧了一次風波。因為比丘尼行淫，便是犯了根本大戒，應該逐出僧團，勸令還俗。此事一直鬧到世尊的面前，始得到了圓滿的解決。

世尊先問妙賢比丘尼：「被辱之時受樂不受樂？受樂者，犯了根本淫戒，不受樂者，不犯不破，也沒有罪過。」

其實，這是佛陀明知故問。佛陀早已知道妙賢比丘尼已證阿羅漢果，羅漢受欲樂，絕無其事。為使大家知道，為使後世明白，所以仍然要問。

「世尊慈悲，弟子已經離欲，豈有受樂之理？」這是妙賢比丘尼的回答。

「好，妳既離欲，妳不犯戒，妳沒有罪。」佛陀不但宣布妙賢聖比丘尼無罪，同時趁此機會，向大眾說了許多有關妙賢聖比丘尼的本事因緣，並且當眾讚許她是聖比丘尼弟子中的利智第一。像這樣的當眾授記，是最大的光榮，也是最高的法喜，但此得來，卻非容易！

（本篇取材於《根本說一切有部苾芻尼毘奈耶》編集改寫而成，一九六三年九月十四日於臺灣美濃朝元寺瓔珞關房）

附記：《增一阿含經》卷五十〈大愛道般涅槃品〉第五十二之二將妙賢比丘尼以音譯為「婆陀」，她的父親是劫毘羅婆羅門，所以又叫作劫毘羅比丘尼。當她有一次在閒靜之處思惟之時，回憶到了她的無數宿命之事，一直推溯到過去九十一劫毘婆尸佛出世的時代，那時他是一個美少年，但是有一次他在街巷中行走，見有一位居士婦，也是美極，大家只注視那位美婦人而不注視他這個美少年，於是他就往毘婆尸佛處，手執寶華供養了七日七夜，願以這一切功德使他「將來之世作女人身，人民見之，莫不喜踊」。他的目的固然達到了，後來一連經過了式詰佛、毘舍羅婆佛、一位辟支佛、拘樓孫佛、拘那含牟尼佛、迦葉佛，佛佛供養，生生在人間天上作女人，直到釋迦佛世，嫁給了比缽羅摩納做婦，那就是大迦葉尊者，後來她也出了家，所以她笑自己太愚癡了：「我以無智自蔽，供養六如來，求作女人身。」她將此事告訴了世尊，世尊便對比丘尼們說：「我聲聞中第一弟子自憶宿命無數世事，劫毘羅比丘尼是。」雖為女人身，得證阿羅漢果，且被釋尊許為聲聞弟子中的宿命通第一，豈不足夠鼓勵所有的婦女們了！

法與姑娘

縱然經過了一百大劫，所作的業力永不銷亡；
等到那因緣際會之時，應得的果報仍自承當。

一

這四句話，說明了一切的命運，都有前因後果，也由各人去自作與自受。只因為眾生愚癡，不知道過去，也不見未來，總以為世間上有著許多偶然的事。其實，今年的遭遇，不論幸與不幸，都是種因於往世，今生的行為，不論善與不善，都將受報於未來。

二

這個故事，發生在佛陀時代印度境內的王舍城中。

那是由於兩個大富長者的財富而起。王舍城裡，住有一位天與長者，以及另一位鹿子長者，他們兩家的財富之多，可能僅僅次於城主；但是，彼此都在自我誇耀，說是自己的財富要比對方的更多，究竟誰多誰少，可能是八兩與半斤。然而，為了面子，誰也不肯讓步，由私下的誇耀，進展到公開的爭吵，因而成了互不相容的冤家對頭。

可是，真所謂「不是冤家不聚頭」，當他們爭吵到最後，竟在第三者的說和之下，他們兩人，又成了最要好的朋友，並且被他們發覺了一個「真理」——只有門當戶對，才最適合交往。

他們兩位富翁的友誼，愈來愈深了，他們還希望他們的子女，也都能夠保持住像他們之間這樣深厚的友誼。

「只有一個辦法，可使兩家的兒女確保親善。」其中一個說。

「什麼樣的辦法？」

「那就是將你我結成兒女親家。」

「這太好了，可惜我們都還沒有兒女。」

「那不簡單嗎？我們都有妻子，將來生了孩子，一男一女，就是夫妻。我們兩人，不論誰做公公或誰做丈人，都是一樣。」

「好極了！我們就此一言為定。」

不久，天與長者生了一個女兒，是一個容貌端正而姿色絕倫的娃娃，可惜，自從出世以後，天性愛哭；只有一個例外，那就是遇到出家人來為天與長者說法的時候，她就不哭，並且豎起兩隻小耳朵，靜靜地聽法，這樣小的女孩，能不能聽懂佛法？誰也不過問，但她喜歡聽法，卻是事實。正因為她愛聽法的緣故，當要為她取名的時候，就考慮到要用一個法字，又因她的父親叫天與，所以給她取名叫作法與。

這時候，另外的那位鹿子長者，聽說天與長者生了一個容貌絕倫的女兒，雖然他還沒有兒子，但如生了兒子，豈不就是自己未來的兒媳？於是，既送衣料又送瓔珞，備了一份重重的賀禮，去為天與長者慶賀，似乎這也就是送的聘禮。所以天與長者非常高興地說：「托你老兄的福，使我有了一個女兒，將來老兄生了兒子，那麼，我們兩家的兒女親家，就做定了。」

「是的，謝謝老兄。」鹿子長者也以同樣興奮的語調說：「我有信心，我一定會生兒子。」

當真不錯，隔了不多時，鹿子長者的太太為鹿子長者生下了一個男孩，因為生的那天，根據印度的曆法來說，那天屬於毘舍佉（沸星或黑鹿）月——二月，所以取名叫作毘舍佉。

天與長者得到這個消息之後，自然也是喜在心頭，由於這個男孩的適時來到，他與鹿子長者的兒女親家，也就成了定局，為了慶祝他的女婿的出生，少不得也是備了一份重重的賀禮，親自送了過去。

三

然而，萬萬想不到的事，竟然發生了。當法與姑娘漸漸長大之時，她對她的終身大事，卻有與眾不同的想法。有一天，她向她的父親跪了下來，這是很不尋常的舉止，所以她的父親就問：「法與，妳有了什麼困難的事嗎？」

「是的爸爸。」法與說：「但是先請爸爸應允了我。」

「我已應允妳了，妳就說罷！」

「那就是女兒已經想說了很久，而又始終不敢說出口來的話。」

「不要怕，有妳爸爸在這裡呢！」

「那就是——我想出家學道，我也樂於出家修道。」

「什麼？妳想出家？」天與長者這才著急起來；但他是個慈祥的父親，從來沒有大聲對待過他的女兒，所以又勉強地抑住了激動的情緒，輕聲地說：「孩子，妳不要這樣淘氣，這是胡鬧不得的事呀！我跟鹿子長者，有約在先，怎可叫妳爸爸為難呀！別的要求，樣樣可以，要求出家，萬萬做不得。」

天與長者的拒絕，對於法與姑娘來說，乃是意料中的事，所以她也不再多說什麼；但是她的意志，絕不因此動搖，相反地，她倒設法更加積極地去接近出家之道。

她先皈依了三寶，並且禮拜蓮華色羅漢尼為門師（相近中國的皈依師）。蓮華色尼經常出入在她的家裡，那也是受她全家敬仰的一位聖比丘尼，由於這樣的因緣，她也祕密地向蓮華色聖比丘尼提出了請求：「聖者，弟子有一項要求，不知能不能得到聖者的成就。」

「佛教誓願成就一切的眾生，當然也能成就妳的。」蓮華色尼是如此地慈悲。

「那麼，弟子首先謝謝聖者的成就。」法與姑娘接著便說：「弟子想在善說佛法及清淨戒律的佛教之中，求度出家，受具足戒，做比丘尼。」

「那很好，不過先要取得妳父母的同意。」

「不行哪！就是因為父親不同意，弟子才想祈求聖者，給我祕密出家的呀！」

「出家的事，必須公開，祕密是不成的。但是，我當為妳請示世尊，助妳達成出家的目的，因為發真心出家，是最上功德的事啦！」蓮華色尼是阿羅漢，她知道法與姑娘的宿根，知道她必定要出家，所以便把話題一轉，她問：「法與姑娘，妳既發心出家，妳可知道出家的理由嗎？」

「請聖者開示。」法與姑娘當然不會懂得太多，所以她說：「弟子很想知道。」

「那麼，妳就用心聽著。」蓮華色尼開始了她的教化，她說：「出家的生活，主要是在擺脫男女的淫欲，如世尊所說：『凡是有智慧的人，必然知道淫欲的行為有五種過失，所以不應行淫：第一，觀察淫欲的味少、過多，而常有眾苦。第二，行於淫欲的人，常受淫欲的纏縛。第三，行淫欲的人，永無厭足之期。第四，溺於淫欲的人，他將無惡不造。第五，於諸愛欲之境，諸佛聖眾，以及有勝德具正見的人，以無量的話也說不盡它的過惡。所以有智慧的人，不應習於淫欲。』」

「那麼，出家又有哪些功德呢？」法與姑娘的求法欲很高，所以繼續請求開示。

蓮華色聖比丘尼，略微沉思，便接著說：「出家乃是大智大勇的行為，世尊曾說：『出家有五種殊榮利益：第一，出家功德是各人自身獨占的利益，他人無從搶奪分毫。第二，出家人的身分，超然於一切種姓——社會階級的地位之上，接受他人的供養、禮拜、稱讚。第三，出家之人，從此世界命終，若不解脫，即可生於天上。第四，由此出家離俗，必當離於生死而入不生不死的無上涅槃。第五，出家之人，常受佛陀及聲聞聖眾，乃至諸上勝善之人的讚歎。』法與，妳要出家，妳當悉心體味如上的五種殊勝利益，我今度妳出家。」

當然，蓮華色尼並不能將法與姑娘立即帶出她的俗家。她去請示了佛陀，得到了佛陀的授意，她才再度去為法與姑娘，次第授與三皈、五戒、沙彌尼十戒，乃至授完了式叉摩尼的六法。這些儀式，都是在佛陀特別方便的加持之下，通過了比丘尼的僧團，由蓮華色比丘尼轉授法與姑娘的，也就是說，法與的出家儀式，雖在她的俗家祕密進行，但在佛教的僧團之中，仍是一樁公開的合法的佛事，因為已經得到了世尊的特別授意。法與是善根深厚的女孩，當她受了式叉摩尼戒，並且得到蓮華色尼的開示之後，她便悟道了，她證到了初果的預流聖階。不用說，這一聖果的證得，對於她的前途，更增加了信心。

四

兩年式叉摩尼的期限，轉眼即成過去，這時的法與姑娘，長得已是亭亭玉立，她的美，美得使人無法形容，乃至美得使人不敢正面看她。到了她這樣的年齡，所謂男大當婚，女大當嫁，天與長者及鹿子長者的兩家人家，毫無疑問地，已在為著法與及毘舍佉的喜事而準備著一切，其中最最高興的，當然是鹿子長者的兒子毘舍佉，他將有一位如此美貌的千金小姐，成為他的終身伴侶，他所感到的幸福——單用幸福兩字，已不能形容他的幸福程度。

一批一批的人把喜訊傳了出去，又一批一批的人把禮物送了進來。這兩家王舍城的首富，選定了吉日良辰，兩家的府上，都在為著吉日良辰的即將來到而忙碌歡欣。

可是，這對於法與姑娘來說，又是怎樣的滋味呢？

原來，法與的父親早已成竹在胸，為了不致發生意外，他雖為著女兒的婚事在忙，他卻根本沒有把這樁即將來臨的喜事，告訴他的女兒，他的女兒還以為要開什麼「百花會」哩，所以她問正在忙著的僕人們說：「我們家裡要開百花會嗎？使你們忙得這般起勁？」

「不是啦！姑娘！」僕人們咧著嘴，還故弄玄虛地說：「現在又不是百花盛放的季節。」

「那就怪了，這到底要做什麼大喜事呢？」

「托姑娘的福啦，我們將因姑娘賜福，而有喜酒喝啦！」

聽僕人們這麼一說，法與姑娘幾乎急得哭叫起來，她奔向了她的父親，又一次地跪了下來：「爸爸呀！我早已說過，我不要嫁人，我已發願出家，我已決心出家，請求爸爸應允了女兒吧！女兒要去王園的僧伽藍中，去做比丘尼哪！」

不用說，她所得到的反應，又是一個不准，試想：一個醉心於財產及名望的父親，怎會放他的女兒去出家？所以他說：「我的好女兒，妳怎可這般無理取鬧呢？當妳媽媽尚在懷孕之時，我就把妳許給了鹿子長者的兒子做媳婦，現在，又有誰不知道，我與鹿子長者是兩親家，妳是毘舍佉的未婚妻，毘舍佉是我的準女婿。在我們王舍城中，除妳之外，下從所有的賤民，上至百官大臣及王子，直到我們的國王，都已知道，明天就是妳行嫁過門的大好喜期，妳不好好地準備妝扮做新娘，反來要求去出家。妳當知道我國的王法，妳是在使妳的爸爸犯罪，叫我去犯騙賴婚姻及欺蒙王臣的兩條大罪囉！」

天與長者的這一番話，說得頭頭是道，但也無法打動他女兒的心，法與姑娘依舊堅持著出家的要求，她說：「爸爸的話，女兒完全了解，但我早已祕密出家了。」

「妳已出了家？」

「是的，在兩年以前，女兒就已出家，並且剃了光頭，也受了出家的沙彌尼十戒以及式叉摩尼六法。」

「什麼？妳已剃了光頭？」

「是的，女兒的頭髮早已剃了，現在頭上戴的是一隻假髮帽。」

「妳這淘氣的孩子，妳要把我這個做父親的人害慘囉！但是，不論怎麼，妳得如期去做新娘。」

「女兒寧死也不嫁人，女兒決志要出家，決志拒絕那愛欲的侵擾。」

「孩子！人生的旅途，妳才剛剛開始起步，不要瞎來，以後過不慣出家的生活怎麼辦？聽說四果的阿羅漢，才能離欲，如妳已是離欲的阿羅漢，我就准妳出家。」

「女兒嚮往阿羅漢的境界，但尚沒有成為阿羅漢。」

「既不是離欲的阿羅漢，妳當去做鹿子長者的媳婦。女孩嫁丈夫，乃是天經地義的事，何況人家的家產不比咱們家少，人家的公子毘舍佉，又有哪點配不上妳。」

「女兒不是為了那些，女兒是要出家，僅是要求出家。」

正當這對父女吵吵鬧鬧的時候，他們的周圍，已湧到了許多的親戚朋友，那些親戚朋友，那些愛管閒事的男男女女，竟然一致站在天與長者的一邊，大家來勸法與姑娘，要她放棄出家的念頭，他們說：「年紀輕輕的女孩家，不要想得那樣天真，出家，不是鬧著玩的。出家人，要修終身的梵行，像妳這樣美麗年輕的女孩，正在情竇初開的年齡，豈能出家？如果不能修到離欲、斷欲的程度，勉強去過出家的生活，那種孤獨與寂寞的生活，實在不是妳這年輕的女孩，所能堅持得下的事。」

就這樣，法與姑娘已陷在孤立無援的重重包圍之中，陷在俗情的包圍之中，陷在七嘴八舌的包圍之中。但她並沒有絕望，正由於她的父親及諸親友的一再提示，提示到離欲、斷欲的問題，她便不再理睬重重包圍在她四周的人們，她便專心一意地策勵自己，精進修習，期求早些證得離欲的聖道。事實上，由於她的精勤修習，已經感通了佛陀。

五

正在同一個時間，佛陀在竹林精舍的經行道上，面露微笑而口放五色的微妙之光。佛陀絕不會無故微笑，絕不會無故放光，因此而引起了阿難尊者的恭請開示：「世尊！如來非無因緣而熙怡微笑。」

「是的，阿難！」佛陀說：「兩年以前我教比丘尼眾給法與童女授了三皈、五戒、十戒、六法，然而，明日卻將是她嫁人的日子。」

「是的世尊！這事我也知道了。」

「但你有所不知。」佛陀說：「不久之後，法與童女將證得三不還果以及第四阿羅漢果，我們不能讓她老住在俗人家內，應該助她受比丘尼戒，住於尼眾之中。」

於是，阿難尊者將佛陀的意思，傳達給比丘尼眾，再由比丘尼眾推蓮華色尼去為法與做和尚，授與具足比丘尼戒。

真所謂「瓜熟蒂落」，法與受了具足戒後，遵循著修持的方法修持，當她最後一念煩惱斷除之後，她已證了阿羅漢果，並且有了羅漢的神通。她已是

「我生已盡，梵行已立，所作已辦，不受後有」的阿羅漢，她的心中，已無一切的障礙，她的心境，已融化在整個宇宙的虛空之中，她的心情，已平靜地了無痕跡可捉摸，即使用刀割或者以香塗，她已不再生起憎或愛的分別之心，金玉及糞土，在她看來，已是平等無異，一切的名譽財物及利益，在她已是無一不可捨棄。

這是事實了，法與已經證得了離欲的阿羅漢果了，她的父親不肯也得肯了；但是，做為一個準丈人的天與長者，還有他的責任，總得讓他能有一個交代，所以他想了一個兩全其美的計畫，他對他的女兒說：「這樣吧！為了不使我犯國法，不使我失信於鹿子長者及諸親友，明日的婚禮照常舉行；唯在婚禮的迎娶之前，我們安排一個供佛齋僧的節目，佛陀食畢離去，妳就隨佛離去，仰仗佛的神力，以及妳羅漢的神力，這該是輕而易舉的事了。」

第二天，大德世尊，率領著比丘弟子們，果然準時而至。

漸漸地，鹿子長者的兒子——新郎毘舍佉，率領著大隊的人馬與車輛來到，遠近的親友，也絡繹地到了，除了國王之外，王舍城中所有的王子大臣都來了，那些凡是有點名氣的人，也全都來了，這真是個冠蓋雲集與高朋滿座的盛大場面。

首先，供佛齋僧的節目開始，這對於所有的來賓而言，並沒有多少興趣，甚至有人希望這個節目進行得愈快愈好。

照例，佛陀在應供之後，要為齋供的施主說法，這場說法的佛事，竟又感動了許多人的心靈。然而，真正感人的場面，卻在佛陀離座而去的時候發生。

佛陀剛出大門，法與也出了大門，佇在一旁準備迎娶新娘的新郎毘舍佉，還以為這就是迎娶典禮的開始，他便走上前去，用手扶捉法與的玉臂；萬萬想不到，當他明明捉住了對方的玉臂之時，竟像捉著了一把空氣，明明已被他捉住了手臂的法與，竟能毫不費力地繼續向門外走去。接著，驚人的鏡頭出現了：明明是一個姑娘，卻變成了一隻大鳥，明明不是鳥的形態，卻能騰空飛行，她在空中飛行自在而又坐臥自如，她在空中現出了種種的神變。她這一突如其來的神通變化，使得所有在場的人，不由自主地五體投地，那些人，像是突然遭到了大風吹襲的樹木，不約而同地全部仰望空中而拜倒下去。

像這樣的聖女，誰不敬仰？像這樣的奇女，誰還希望她去做自己的妻子呢？因為她已是有了神通的聖比丘尼，已不再是一個世俗的姑娘。

趁著這個機會，法與聖者便從空中下來，為與會的大眾，宣說佛法——一場嫁女的俗事，終於成了化度眾生的佛事，她使許多的聽眾，信奉了三寶，也使許多的聽眾，因此而證了聖果。因此，也得到了世尊的讚許，說她是比丘尼中的說法第一。

這在佛教史上，乃是唯一的例子：身居俗家，便已受了出家戒，便已證了阿羅漢果。

六

但是，這是一個問題，因為佛制比丘及比丘尼的出家受戒，必須先求得父母的同意，受戒也得親自在僧團之中請求舉行，如今為了法與聖者，竟然例外方便，所以當比丘們隨佛回到精舍之後，就有些人請示佛陀：「世尊慈悲，我等有疑，未知能否請佛開示？」

「世尊已經應允你們了。」佛陀說。

「那就是我們不知道這位法與比丘尼，以何因緣而蒙世尊開許遣使得戒？

曾作何業而能於其本宅出家，並於俗家宅中而得到阿羅漢果？又以何緣而蒙世尊許為尼眾之中說法第一？」

「當然。」佛陀說：「你們知道，假令經百劫，所作業不亡，因緣會遇時，果報還自受。你們知道嗎？法與早在迦攝波佛的時代，就是一個比丘尼了，她那時曾經度了一個少女出家，那個少女的情形，就跟現前的法與一樣，所以她曾發願，願在我釋迦如來的時候，也能像她所度的那個少女一樣，不離自宅而得出家受戒，而得阿羅漢果，而得成為尼眾之中說法第一。所以我要開這個唯一的方便。」

很明顯地，這是由於往昔生中的業力和願力所感，不是一樁偶然的事啊！

聽完了佛陀的開示，這個故事，也就到此為止。

（本文取材於《根本說一切有部毘奈耶雜事》卷三十二改編而成）

摩訶迦葉

四十四卷四月號的《海潮音》，載有仁俊法師與印順法師關於迦葉尊者的讚述及附言，這兩篇文字，對於我們都有很大的啟發，故也都是值得再讀三讀的作品。

不過，我雖是晚輩，但卻希望說出我對這一個問題的意見，以資就正。我以為仁俊法師的出發點是從聖教的實踐上著眼的，而且以為迦葉尊者的行誼，頗足今世比丘做為榜樣，因為今人多半流於浮俗、不著實了，這一點，乃是極為可取的。至於印公法師，乃是「從歷史的檢討上」著眼的，「認為」迦葉尊者所領導的「五百結集是部分的；初期小乘佛教的隆盛，只是畸形的發達」，並且敢說：「摩訶迦葉的結集法藏，除時間匆促與少數人的意見外，還有把持的嫌疑。」印公法師的這一指評，也是非常精闢的。正如孟子所說：「盡信書，則不如無書。」我讀小乘經律，也有這樣的感觸，但我不敢說出口來，即使古來的許多大德們，也不敢說出口來，因為這樣一來，如果沒有足夠的氣魄，那簡直會使整個經教發生動搖的！

迦葉尊者家庭背景的富裕是沒有問題的，他對於女人的厭惡也是與生俱來的。他的父親是摩羯陀國尼拘律城的首富，因為老而無子，所以求神送子，神即稟告帝釋天主，天主即命一個即將命終的天子去受生。天子卻說：「我有宿願，於世尊處，專修淨行，恐生於彼，為我障礙。」天主便安慰他說：「汝勿憂慮，我當助汝，於一切時，令無放逸。」正因得到天主之助，所以雖然與妙賢女結婚十二年，仍能「不互相觸」，一等到他的父母亡故之後，遂捨所有產業，告知其妻，自行出家。（以上見《根本說一切有部苾芻尼毘奈耶》卷一）

迦葉尊者，既是富豪子弟，又有副聰明絕頂的頭腦，他在童年，即從明師學習各種技藝典籍，一經耳目，即能永誌不忘，從小就能「威儀進止，無不明察」，「及四《吠陀》，悉皆明了」。

正因他有這樣好的資質與背景，出家之後，便受到了當時社會的重視，尤其印度的宗教風氣，主張苦行者很盛，以他一個出身於富豪之家的子弟，而能過他苦行的生活，對一般群眾的號召力，也就不言可知了。不唯當時的印度，即使任何一個時代的任何一個地區，苦行者的號召力，總是相當大的，因為他能過一般人不能忍受的生活，所以會引起一般人的好奇而漸至恭敬。何況迦葉尊者又是一位具有大威德與大智慧的人呢！

由於迦葉尊者的號召力大，群眾多，維護佛法之心也很懇切，所以佛陀對他極為器重。即使他倔強的個性，有時連佛陀的話，他都不肯接受，佛陀也只好原諒他，因為迦葉尊者雖還帶有少許外道（苦行）的氣質，但他對於佛法的實踐，是非常沉穩的，不但對於當時的群眾們，有著強大的號召力，即使對於未來的佛教，也會產生很大的影響力。最要緊的是他雖然主張苦行，但他是有大智慧的，他是深明佛陀教義的，他不是一個盲修瞎練的人，所以佛陀對他也特別優遇，「未曾為佛所呵責，以其德行深厚，無有過咎；又欲令於佛滅後，維持大法，縱使若有小缺，不以致責，欲令後世眾生，深心尊重故。」（《薩婆多毘尼毘婆沙》卷四）以這段文字看來，可知迦葉尊者，雖無過咎，但也不無小缺之處。他的個性——習氣，使他很獨斷，很固執，瞋心很大，凡是他所喜歡的事，即使佛陀也勸他不轉（比如苦行），凡是他所不高興的事物，及至最後，仍然堅持到底（比如討厭女人，反對女人出家——為這樁事，阿難尊者受的氣最多，凡有比丘尼諷刺他，他就怪阿難不該為女人請求出家，到佛滅之後，還為女人出家而宣說了十項不利於佛教的事——見《毘尼母經》卷三）。

但從生活上說，迦葉尊者是無瑕可指的，所以佛也常常讚歎他：「頭陀、嚴整、少欲、知足、樂出離。」每遇到無有慚愧的比丘們，佛陀也常示以迦葉尊者的生活行為做榜樣。如以末法時代的比丘而言，完全學習迦葉尊者的苦行，而不學習迦葉尊者的嚴整、少欲、知足、樂出離者固然不對，但是，嚴整、少欲、知足、樂出離者，正是今日的比丘們所缺少的，倘若做到嚴整、少欲、知足、樂出離者，即使不標榜苦行，他的生活也不會奢侈的了。

正由於迦葉尊者的行誼可風，佛滅之後，空中諸天，也有如此地相告讚歎迦葉尊者：「大仙當知，天眾增盛，阿蘇羅減，世尊正法，必當久住，此大聲聞，道隣於佛。」（《根本說一切有部毘奈耶雜事》卷三十九）

迦葉尊者的性格，固執倔強，是事實，一個有個性的人不能與所有人的意見一致，也是意料中事。佛陀晚年時代的佛教僧團的意見爭執，也是事實，倘若邀請了所有佛的大弟子來參加第一次的結集，在結集會中必有很多的爭執，所以迦葉尊者之不請迦旃延、富樓那、須菩提等參加第一次結集的原因之一，或即在此。同時，迦葉尊者對於繼佛而護正法的主張，也有一套腹案的，何況佛陀對於迦葉尊者的倚重，也是事實。

附錄二

六群比丘

在比丘戒中，大部分是因六群比丘的威儀失檢，佛陀才為比丘們制定戒律。若以俗眼來看，他們是罪魁；若以教制的建立來說，他們又是功臣。

初學佛的人，初初打開律本，見到六群比丘的犯戒罪行，都會覺得佛世的比丘，也不過如此，致對六群比丘生起輕慢之心。其實，佛陀雖因六群比丘的行為而制戒，六群比丘卻是從不犯戒的。戒律未制之先，他們漫不經心地亂來，戒律一旦制定之後，制一條他們便遵守一條。所以六群比丘只是促使佛陀為僧團乃至為後世的僧團制戒，他們本身絕不犯戒。

我們知道，一個在舞台上成功的小丑，他雖作賤了自己，而使大家取笑，實際上小丑的人格是很完美的，小丑所表演的那些動作，之所以能夠博得廣大觀眾的歡笑者，因為他所表演的動作，正是觀眾們自己所有的動作，只是受了虛偽的心理控制，雖然如此，也不承認。一旦有人把各自的祕密，巧妙地揭穿了，所以發出了會心的笑聲。事實上，小丑本人的生活，則又未必像他當眾表演時那樣地可笑。所以我們又知道，小丑人格之美，即是美在能把人類的弱點，歸諸於一己，而來使人取笑。試問，那些發笑的觀眾們是什麼呢？豈不太傻，豈不太沒有同情心了？當然，看戲的目的，端在娛樂——乃是愚弄他們自己的娛樂而已。佛教的六群比丘，也就是這樣的人物，他們寧願將不好的名譽，拉在自己身上，並使永世的佛弟子們，知道他們是壞比丘；但他們卻不忍心佛教沒有戒律，因為沒有戒律做為僧團生活的依準，佛教便不能永久住世。有了戒律，即使佛陀入滅了，佛的弟子們，乃至永世的弟子們，也不會感到群龍無首。如能事事均依戒規而行，豈不等同佛陀在世時一樣了嗎？

因此，我們後世的佛弟子們，不唯應當敬仰大迦葉與舍利弗、目犍連等的大阿羅漢，我們也應敬仰六群比丘，因為他們在佛陀座下，所擔任的角色，雖有正反不同，他們的救世悲心，卻是一樣的。同時，我們在律中還可看出一個最足吾人歌頌的事實，那就是，往往由於六群比丘的顛三倒四，觸惱了他人，他人見佛訴理之後，總是得到一番寶貴的安慰與開示，而每能夠因此得法眼淨。由此看來，六群比丘之觸惱他人，豈不即是以逆行來接引眾生嗎？

所謂六群比丘，乃是六個比丘所結成的一個小集團，他們本來都是豪門貴族出家的，他們的生活，經常在一起，群出群入，互相影響，他們個個都是通達三藏，精諳五明，世出世法，百藝巧術，無所不曉。所以他們在當時的僧團中，乃是極為活躍的人物，內為法門的棟樑，外做佛教的大護。他們之中沒有一個是「啞羊僧」（愚癡無知的比丘），他們每到一處說法，聽者無不皈信，每對一人說法，聽者無不喜悅。所以他們在家的信徒很多，他們的出家弟子，傳說每人也各有九個。

六群比丘的善巧方便，在當時的僧團之中是很少有的，他們六人的團結心很強，只要六人之中的一人有事，其餘五人則無不全力協助，所以他們凡要做事，那是無事不舉的，而且也幾乎是無事不能的。他們的身材都很魁偉，氣力之大，也勝於常人。他們在路上拾到了大批羊毛，每人一擔，解開之後，竟然堆積如山；正因如此，佛才制戒，比丘非不得已時不得擔物，擔物亦不可超過三由旬（約一日的路程）。又有一次，有六十個裸形外道，圍打他們六個比丘，首先任由外道痛打一頓，然後以六人之力而反擊六十個外道，並將外道打得落花流水；因此，佛又制定比丘不得打外道。他們都是出身於貴族世家，故對武藝，也有超常的功夫。有一次，波斯匿王帶兵出征邊界的叛亂，正在閱兵整隊出發之際，六群比丘走去看熱鬧，因見軍隊不理想，見到不理想的戰象、戰馬、戰車與步兵，即用手挽象、舉馬、搗車、扼兵，一一擲之一邊，並且一一予以批評，弄得軍隊七零八落；於是，佛制比丘不得觀看軍陣，也不得觀看遊軍象馬勢力。又有一次，迦留陀夷經過一所教學射箭的學校，那個教師是有名的箭手，迦留陀夷竟在其學生的面前，使他難堪。迦留陀夷拿起弓箭，天空正好飛過一隻鳥，他便射箭封住鳥的去路，而又不傷鳥的身體，逼得那鳥向上直飛，他便一箭射中，箭從肛門入，又從口中出，這種射技，看得那所射箭學校的全體師生，目瞪口呆；於是，佛又制定比丘不得故斷畜牲之命。他們對於歌唱舞蹈與樂器的演奏本領，也是第一流的。有一次，六群比丘在一個園中的池內洗浴，他們偶以指擦身體的磚塊，邊擦身，邊敲擊，竟然發出美妙的音樂來了，園外的人聽了以為是天樂，所以很多的人群聚擁入園中，才知不過是六群比丘在洗澡；因此，佛制定比丘不得於浴時以任何東西指擦。又有一次，有個戲班子演唱佛陀的事蹟，信佛的人都去欣賞，並讓他們賺了很多錢，又演唱六群比丘的事蹟，外道以及不信佛的都去欣賞，也讓他們賺了很多錢。因為這是出六群比丘的洋相，六群比丘很不高興，他們六人，便化妝起來，拿著樂器以及做戲的各種道具，到那個戲班的對面，也做精彩的節目演出，正因六群比丘的音樂及演唱技藝高人一等，故其鑼鼓初響，便已萬人空巷地前來欣賞了，因此，使那戲班的觀眾，跑得精光，使他們坐吃山空；於是，佛又制定比丘不得歌舞倡伎。

因此，在《根本說一切有部毘奈耶雜事》卷一中說：「此六苾芻（即比丘），並多奇巧，所有技藝，無不善知。」又在卷四中說：「聖者六眾，善閑音樂，至於歌舞，尤勝餘人。」

六群比丘對於教化的本領，也是令人敬佩的。他們若要教化誰，那便沒有不受化的道理。有一次，他們為了爭一口氣，不讓大眾批評他們不為佛教出力，他們便公推闡陀去勸化一個從未信佛也根本不可能信佛的長者，那個長者根本不願見到佛教的出家人，佛教的出家人也根本進不了他的門；但卻接受了闡陀的感化，並為闡陀獨資建了一座很大的寺院。至於跋難陀，如若對人說到布施法時，能使聽者自割身肉相施。

再說，六眾比丘的福力和威力也是很大的，在《根本說一切有部毘奈耶雜事》卷十六中說：「六眾法爾，若懷忿怒，至王門時，王殿遂動。」

但是，六群比丘無不尊崇佛的教法，並也無不遵守佛的教誡。比如有一次，跋難陀以舊衣和外道換了一件貴價衣，外道回去被外道的同道識出，而要求跋難陀重行換回，跋難陀不允，外道求佛幫助，佛遣阿難尊者令跋難陀將外道之衣還歸外道，跋難陀便說：「敬奉佛教，豈敢有違。」（《根本說一切有部毘奈耶》卷二十二）

六群比丘的名字是：難陀、跋難陀、迦留陀夷、闡陀、馬師、滿宿。現在介紹他們的事略如下：

（一）難陀，又叫三文達多，性情多貪多瞋，但其善解算數、陰陽、變運、說法及論議等。據說死後生天。

（二）跋難陀，又叫優波難陀，性喜貪求，當他捨報時，他的遺產總值，達四十萬兩金，《根本百一羯磨》卷九說：「所有資具，價值三億金錢。」其才能雖也與難陀相等，但在六群之中，除了迦留陀夷，他是最活躍的一個，他也是一個外道的剋星，他教化外道而又苦迫外道。佛卻教他不得如此。據說死後也是生天的。

（三）迦留陀夷，本是國王的大臣，又《鼻奈耶》卷三註云：「迦留陀夷黑光也，阿難從弟也。」當世尊出家以後，淨飯王派他去勸說，並希望他能將世尊迎還王宮；可是當他見了世尊，聽佛說法之後，他竟也發心出家了。他的智慧很高，尤其對於在家婦女的勸化，特別有辦法。但他的生性貪欲，除了根本淫戒之外，僧殘以下的淫戒，差不多都是因他而制的。正因他好色多欲，故亦因了女人而證果，並也因了女人而橫死。有一次，他到人間行化，走到一個婆羅門的家裡，為婆羅門的女兒看上了。他雖多欲，但他絕不破戒，所以沒有答應婆羅門女的要求，於是他的大禍臨頭了，婆羅門女，反向她的父親誣告他對她非禮之後，他便遭受了一頓毒打。並且押送到國王面前，被國王訶責了一番。他在受到這一擊之後，便到舍利弗尊者之前，痛述遭遇，終於在舍利弗尊者的教誡之下，發勇猛心，而證阿羅漢果。證果之後，他又發心要度千家證入聖果；終於度到第一千家時，他便被人打死了，並且將他的屍體，埋在糞坑裡。那是因為那家的一個女人與外人私通，而被迦留陀夷撞見了，唯恐他會張揚出去，所以把他活活打死了。他雖證到了四果，但此乃係往昔的業報，正像目犍連尊者一樣，雖稱神通第一，仍不免死於外道之手。

（四）闡陀，他又叫車匿，他就是隨從釋迦太子夜間偷出城外的那個人，據《薩婆多論》所說，他是世尊異母所生的弟弟。他的性情多癡多瞋，直到佛入滅之時，還有人請示如何與他相處的問題，佛的指示是在必要時以默擯來對付他。但於佛陀滅度之後，他在阿難尊者處，證得了阿羅漢果。

（五）馬師。

（六）滿宿。馬師與滿宿兩人，一是舍利弗的弟子，一是目犍連的弟子。《鼻奈耶》卷二註云：「此二人佛從弟也。」卷三註則謂：「六人也，皆從弟。」喜歡音樂、舞蹈、遊戲，以及種植花草等事，生性多瞋多癡，均為執杖外道所殺，死後生於龍中。但是佛陀為他兩人授記，他們已種獨覺菩提，當來之世，必定能成獨覺。

六群比丘到了晚年，自從迦留陀夷尊者證了阿羅漢果以後，他們不再有六個人了，馬師與滿宿死了，闡陀也「往憍閃毘國靜緣而住」了，所剩下的，只有難陀與跋難陀，二人相依而住，並且也很老邁了。

最後，我們看六群比丘的後果：兩人生天，兩人證四果，兩人將成獨覺，他們之中，沒有一個是下墮的，可知他們的生活型態，只是大權示現，而非惡性比丘了。

國家圖書館出版品預行編目資料

聖者的故事 / 聖嚴法師著 . -- 三版 . -- 臺北市 :
法鼓文化 , 2017. 09
面 ;　公分
ISBN 978-957-598-758-9 (平裝)

224.515　　　　106011717

學佛入門 4

聖者的故事

Stories of Buddhist Saints

著者　聖嚴法師
出版　法鼓文化
總監　釋果賢
總編輯　陳重光
編輯　林蒨蓉、李書儀
封面設計　化外設計
內頁美編　小工
地址　臺北市北投區公館路一八六號五樓
電話　(02)2893-4646
傳真　(02)2896-0731
網址　http://www.ddc.com.tw
E-mail　market@ddc.com.tw
讀者服務專線　(02)2896-1600
原東初出版社　一九八〇年初版，一九九五年修訂版
三版三刷　二〇二三年三月
建議售價　新臺幣二二〇元
郵撥帳號　50013371
戶名　財團法人法鼓山文教基金會—法鼓文化
北美經銷處　紐約東初禪寺
Chan Meditation Center (New York, USA)
Tel: (718) 592-6593　E-mail: chancenter@gmail.com

法鼓文化